长安文心书系

年华暗换在西京

刘炜评 著

陕西新华出版传媒集团
陕西人民出版社

图书在版编目(CIP)数据

年华暗换在西京 / 刘炜评著. —西安: 陕西人民出版社, 2020.12
ISBN 978-7-224-13618-0

Ⅰ. ①年… Ⅱ. ①刘… Ⅲ. ①散文集—中国—当代
Ⅳ. ①I267

中国版本图书馆 CIP 数据核字(2020)第 089877 号

主　　编: 宋亚萍
策　　划: 张孔明
责任编辑: 彭　莘
整体设计: 杨亚强
绘画导师: 曹　刚
绘　　画: 蒋懿琰

年华暗换在西京
NIANHUA ANHUAN ZAI XIJING

作　　者　刘炜评
出版发行　陕西新华出版传媒集团　陕西人民出版社
　　　　　(西安市北大街 147 号　邮编:710003)
印　　刷　西安市建明工贸有限责任公司
开　　本　889 毫米×1194 毫米　1/32
印　　张　6.75
字　　数　160 千字
版　　次　2020 年 12 月第 1 版
印　　次　2020 年 12 月第 1 次印刷
书　　号　ISBN 978-7-224-13618-0
定　　价　42.00 元

目录

哭送京夫

京夫先生走了，殁于癌症。所有认识京夫的人，无不临风衔哀。

今年六月，两位朋友和我去医院看他。去之前，已听说他的状况很不好。在病房，我看到正在输液的京夫，眼泪就失控了。那么清秀的一个男人，竟变得形容枯槁。我退出病房，到医院的卫生间里哭了二十多分钟。再进病室，握着他的手，不知讲些什么合适。京夫淡淡地说："不咋。"可是说完这句话，他也双眼泪水模糊。我强烈地感觉到，他对世界、亲人、朋友和文学是多么地留恋。

我就读商县中学时，京夫在县文化馆工作。他的长子郭正高考补习，恰好和我同班。再早二十年，我母亲读初师时，京夫是她的体育老师。由于山区文学阅读条件所限，从小学到高中，对我影响最大的中国当代作家，可以说只有两位：一位是浩然，他的那几部小说，我都读得挺熟。另一位，就是京夫了。他的《手杖》发表时，我正读高一。我知道这是我同学父亲的作品，作者就在我们县城里生活和工作。因此，变成铅字的

《手杖》和变成铅字的《艳阳天》，在我的眼里是不一样的：《艳阳天》让我感知到了文学的表现力，而《手杖》有力地拉近了我和文学的距离。 不久后，学校开家长会，京夫也来了。 我在教室外看见他，心想，这就是和浩然一样的作家啊，我们商县的！

京夫调到省作协工作，大约是 1985 年秋。 此后二十多年间，他写了大量的中、长篇小说和散文。 我虽一直读他的作品，却很少去拜见他。 其中的主要原因，是他话少。 他话少，我作为晚辈，话就不敢多了。 我评论过一些陕西作家的小说和散文，但始终未曾写过关于他的人和他的书的任何文字。 现在想起来，可能是因为，一方面，我对他敬重有余，不敢妄说他的创作；另一方面，又对他期望过重，盼着他的更宏大的作品出世。

其实，京夫是一个不断超越着自己的作家。 早期的《手杖》《娘》等，虽都是很优秀的小说文本，但精神内蕴还比较单薄。90 年代的《八里情仇》和新世纪的《鹿鸣》，却是另外一种文学气象。 我的意思是：京夫从穷乡僻壤走出来，其文学创作，起点不可能很高，可是，在长期的艰难跋涉之后，他作为一个作家的艺术境界，是完成了“出自幽谷，迁于乔木”的巨大提升的。

属于京夫的品格，是笃厚的；属于京夫的气质，是沉静的；属于京夫的才智，是内秀的。 无论当年在商洛，还是后来在省城，京夫都以他的为人和为文，赢得了上好的口碑。 京夫文质彬彬，做事低调。 其风骨始终内蕴，像软土层下的硬石。 他从来不曾张牙舞爪过，锋芒毕露过，因为他不肯，也无须。 我的同学张艳茜在一篇文章中说，京夫伫立阳台，小鸟可以光临他的肩头。 这是极准确、极传神的状写，说明他是多么地善良、稳实、温和。 从认识京夫到他去世，近三十年间，我听到过“圈子”里外的很多是是非非、长长短短，但关于京夫的，没有，一丁点儿也没有。

文学创作中的京夫，是守道不移的读书人、孜孜矻矻的笔耕者、秉心定志的苦行僧。生活中的京夫，是儒雅的君子、蔼然的长者和可靠的朋友。我和他一起参加文学活动或游览山水名胜，他总是同行者中最随和，最不计较“座次”“规格”的一位。我读过记者对他的访谈，他谈到贾平凹：“论年龄，我是他的兄长；论文学，他是我的兄长。”我能感觉到他的话发自内心，没有半点儿虚矫。两年前在商洛开会，闲聊时，我提到1993年的“陕军东征”，他说：“我是凑巧赶上了，我的那部，没有忠实、平凹他们的写得好。”我说他谦虚，他说事实就是那样。他病后，我和张艳茜、姚逸仙第一次探望他时，他说，做手术的前两天，他不断告诫自己，尽量在开刀前写完答应朋友的书序。如果从手术台上下不来，就对不起朋友了。他的话，使我感慨不已。

就在回商洛开会时的那次的交谈中，我感觉到他内心的些许悲凉。那是一种很深沉的悲凉，与生活有关，也与文学有关。虽属两代人，但我能体会出此中况味。他一生，既背负着生活的重担，又坚执着文学的追求，两个频道时而相融，时而相悖，欢愉了他，也困窘了他。他从不抽烟，很少饮酒，起居有常，行止从容。一个几乎没有任何坏习惯的人，却得了最坏的病。我想，这其中，一定有心境方面的原因。

品格端方、为人笃厚的京夫走了，气质沉静、才智内秀的京夫走了。记住，中国文坛，曾经有过这么一位优秀的作家、一位情操高尚的知识分子。而我们纪念他的最好方式，便是阅读他留下的四百余万字的作品。

文质彬彬是仵兄

几年前的一天，我在电话称仵埂教授“仵哥”，让他愣怔了几秒钟。但我很快听到的，是愉悦的领受：“哎哟，第一次被你这么叫，心里温暖得很呢。”我说：“年龄大了嘴不甜，平时见了叫不出口。今天喝了点儿酒，又不在当面，称你为哥，就格外顺溜和舒坦。”

仵埂长我八岁，供职于西安音乐学院。我们认识不算晚，但互相熟识，是在最近十年，也就是新世纪以后。

我没有同胞兄弟，又在山沟里的独院里长大，所以从读书县中开始，就格外喜欢结交朋友，且有“交”无类。到了四十上下，做事待人有了比较明确的方向，知道了“四海之内皆兄弟”之说，是不能当真的，随之与各行人士往来，努力去滥存精。兹后乐与经年互动的朋友，大约不抵过去少半。这是自愿调整的结果，我为此感到轻松。

仵埂正是这少半中的一位，而且是“钟楼附近的”——相当于朋友中的“政治局常委”。钟楼是西安的坐标中心，所以我拿它作比方。亲戚有远近，朋友亦如此，讳言并无必要。和钟楼附近的朋友有些日子不见面，心里便觉着空落落的。这样的情谊，自不大关涉一环的、二环的、三环的朋友。今年春节前夕，同窗好友、散文作家张艳茜发短信来，用了我的语词邀聚饭团：“钟楼附近的，想念得很了，本周小聚一回吧！”我即刻回复：“心同此感，严重响应！”

“钟楼附近的朋友”相聚，多数情况下，是不可以少了仵埂的。朋友圈中有狂放者，有狷介者，有质胜于文者，有文胜于质者，最可称文质彬彬的，便是老大仵埂了。无论谁做东的聚会，只要有仵埂在场，就既不至于严肃到无趣，又不至于闹腾到无度。我当面很少称仵埂为仵哥，心中尊他为仵哥，却是经常的，且不带戏谑成分。

仵埂把朋友看得很重，他曾写道：“我非常喜欢朋友，在我的生活中，他们构成我的意义世界另一重要部分，使我的意义世界更加丰盈而饱满。……我知道在一个物质化的世界里，情谊所具有的超功利性的动人的一面。……我多么想向爱我的朋友打开我自己，发展我自己，证明我自己，让朋友因我而自豪而骄傲。”如此的心声流吐，深深地打动着我，因为他的友情观，建立在何其富于生命诗意的层面上。

仵埂喜欢结交朋友，也喜欢各路朋友因他而结交，并因这种结交而彼此受益。久而久之，他成了“朋协”主委。仵埂介绍朋友成为朋友，透着善良、持重和细心，带张飞到栊翠庵吃茶之类事体，绝不会因他而发生。有一段日子，他知道我对佛学有兴趣，就带我去拜访一位法号果如的僧人，虽交谈有限，却也让我明白了不少佛事。他知道我是个半吊子音乐爱好者，就介绍他的好几位学生和我忘年交，他们是专业音乐人才，我因他们开穷了一些多年懵懂的乐理。前年隆冬时节，因了烟草行业的邀请，仵埂邀请几位烟民文友去湖南采风，为使主宾两方满意，他数次斟酌团员名单和相关细节。因此那次旅行，让朋友们至今记忆清晰而温馨。

仵埂身材颀长，衣冠修洁，从无邋遢相。仵埂的表情和言谈，一向春风和煦。我不能想象，仵埂生气骂人，会是什么样子。仵埂析事论理，见识确当又风骨内在，从来不曾割人。仵埂办事从容得体，有板有眼，善始善终。他是男人可以信赖的朋友，也是女人可以信赖的朋友，所以作家方英文兄说："所有朋友都愿意将自个儿的隐秘诉说给他。朋友们发泄了，仵埂则吃不了兜着走，永远密封在心里。这便是包容，这便是雅量。"

这不免让我想到了"竹林七贤"之一的山涛。"钟楼附近的朋友"构成，的确有点儿近乎竹林七贤。若问仵埂最像其中哪位，众友一定同道："山涛大哥是也！"七贤之中，山涛（字巨源）年齿最长，为人也最有器量、识度。王戎说山涛的精神格局"如璞玉浑金，人皆钦其宝，莫知名其器"，司马炎称山涛"以道德为世模表"云云，并非虚夸。我年轻时课堂讲授嵇康的《与山巨源绝交书》，总要告诉学生们，只要稍多翻阅一些史料，就会知道"绝交"云云，只是嵇康施给当权者的障眼法。嵇康最知心可靠的朋友，正是山涛，所以嵇康遇害前，把尚未成年的儿女托付于山涛，并心慰地遗嘱孩子："巨源在，汝不孤矣。"以我多年的感受，仵埂的心地和行止，实与山涛相差无几。因之他之于朋友们，不只是年龄上的大哥，更是德行上的大哥。

仵埂是大学教授，是陕西实力派批评家之一，还是一位已有自家路数与个性的随笔作家。作为大学教授的仵埂的授业有道和育才有方，西安音乐学院的学子们心里有同受，不必我来为之别传。作为陕西实力派批评家的仵埂的人文情怀之庄正和审美趣味之清正，远近的学界同行们眼里有同见。且引我的同学周燕芬教授评价仵埂专著之一《文学之诗性与历史之倒影》中的一段话："仵埂涉笔很广，古今中外的文学文化现象，或者引申出锐利的思考，或者落笔为心灵化的体悟，都可以从中读出一份知识分子的良知和情怀。仵埂的文字就像仵埂这个人一样，多给人真诚温良和宽厚细润之感，仵埂的批评话语从不暴力，但并不是说他的文章缺少批评的力量，恰恰相反，面对人生世相及其文学表现，一旦有了自己的价值判断，仵埂下笔就没有任何的顾忌和迟疑，怀抱责无旁贷的批评使命，鲜明地昭示着自己的文化立场。"在我看来，这实在称得上允当之论。

至于作为随笔作家的仵埂的自家路数与个性，在仵埂的博客中和在这本书里，都有着既多样又统一的彰显，这是请读者朋友们自己从阅读中体味吧。

（仵埂随笔集《魂魄何系》代序）

落花无言，人淡如菊

——怀念张学仁教授

2017年6月3日，张学仁教授病故了，享年八十二岁。噩耗从“西大六号楼”微信群传开时，已经是第三天，我正参加西北大学的一个大型会议，和刘丰同学分在同一组。我俩商量次日约上在西大工作的同学，代表全班去先生家里吊唁。可是第二天早晨，我在楼下见到讣告，得知先生昨天已经火化。不能送先生最后一程，心里很愧疚。但想到讣告最后的特别交代“遵照张教授遗愿，丧事从简，不送花圈，不挂挽联，不设灵堂，不开追悼会”，又释然了些——活得平淡，走得平淡，正是先生的本色。

讣告写得很简短、平实，评介先生“性情温和，为人豁达，正直善良，团结同辈学人，对青年教师发挥了师德垂范作用”，授课“内容充实，逻辑严密，表达清晰，生动活泼，深受历届学生欢迎”。这些盖棺之论，都与先生之风相副。

当年读大三时，班主任张孝评先生和我们闲聊时说，由于三级学位制度才实行不久，系上高学历的教师还很少。文艺理论教研室里，研究生出身的教师，仅有刘建军、张学仁两位，他们50年代毕业留校不久，就被推荐到北京深造，接受过何其芳先生等大家的亲炙，所以理论底子很扎实，文化眼界也宽阔，上他们的课，要用心听讲和做笔记。

1984年，在6212教室，学仁先生为我们开设了西方文艺理论课程，参考教材是伍蠡甫先生主编的《西方文论选》。中文系诸课程中，西方文论是离我们“文化”最远的一门，至少是最远之一。我记得大二某一天，我们班的老大姜铭同学为我“扫盲”，激情澎湃地谈起“拉奥孔和他的儿子”那“痛苦的悲剧美”时，我是多么的一脸茫然。我想我们班多数同学那时的“西学”知识面，和我的差不了多少。修了张老师的课，我们对于从柏拉图、亚里士多德到叔本华、尼采的各种概念、范畴、义理等的理解，大体上都入门了。只是由于课时有限，先生课堂所授，不能不止于“别车杜”。

先生身体瘦弱，慈眉善眼。因为血糖低，先生多数时候坐着授课。先生娓娓道来、从容舒展的语风，同学们如沐春风、如啜甘露的欣悦，常常令我联想到“曹大家”东观授业的情境。先生很是照顾我们这些生瓜蛋的接受能力，各章节艰涩奥义，尽量平常出之，并注意引导我们做好课堂笔记。这些年数次搬家后，我读本科时的各门课程笔记本，大多丢弃了，但西方文论的，至今仍保存着。

我最早拜读的先生的论文，是《黑格尔人物性格理论评述》，发表于《西北大学学报》哲社版1982年第2期，印象深刻。后来陆续读到多篇，都获益匪浅。1993年，先生的专著《西方文论概要》由西北大学出版社印行后，我购买了几本，高兴地送给朋友们共享。先生治学严谨，不轻易为文，故平生著述不多。

先生出身书香门第，少年时就读于著名的兰州女中。同窗中出过不少名人，名气最大的是“铁娘子”吴仪副总理。先生的言谈行止，可谓标准的女教授范儿——娴雅温和，文质彬彬。在西大文学院，先生是最受同事和学生敬重的老师之一。我毕业留校后，和先生成了同事。文学院的干部和教师有六七十位，几十年间积累的恩恩怨怨，总是不免的。我虽是小字辈，却也“被知道”了不少“丝丝蔓蔓”，但从未听到谁明里或暗里说过先生的不是。

1990 年，停止了好几年的职称评定工作恢复。够资格、需要晋级的教师太多，竞争十分激烈。有的先生因为承受不了过大压力而倒下，我们的现代汉语老师吴天惠先生即是其中之一。但薛瑞生先生公开表态：“如果和学仁兄一起申报正高，我绝对不争。”那时候，薛老师的学术成果的数量和质量，在文学院里是十分“硬棒”的。薛老师这样讲，显然出自对于学仁老师道德文章的由衷推许。

我多次对先生说，我是您的学生，任何时候和任何事情，都愿意为您跑腿，您只一句话，小子保证办好。先生笑曰：“叫自己学生办事，当然气长，以后肯定少不了烦你。”但三十多年来，我并没有为先生做什么，因为先生从未“烦”过我。

2011 年国庆节，我们班举行“西大中文系 1981 级入校三十年师生恳谈会”，七十六岁的张先生应邀来了会场。当年授课诸位业师中，先生体质最弱。二十六年后师生重逢，看到先生不仅气色很好，丰仪也一如过去那样端庄优雅，全班同学都无比欣慰。先生热情洋溢讲话后，又深情款款地朗诵了一首几年前的诗作《偶思》：

偶 思

——以此拙诗献给亲爱的同学们

久违了，希腊缪斯
久违了，中国诗仙
几十年
生命在散文的河床上
徜徉、流变
而今却萌发着
“高尚的冲动”
我像一个做错了事的
孩子，为此难堪
霜颊绯红花甲颜
我这是怎么了

诗情冻结在飞逝的记忆间
理性的网
用刘勰和尼采的丝线
来织编
哲人们在思考
诗的真谛
我咀嚼其间

潘多拉的盒子
小心地开一条细缝
放飞着人生的期盼
“经国之大业
不朽之盛事”
穿过历史的空间
响彻耳边

诗的副标题中的“亲爱的同学们”，本指先生北京读研时的学友。想来先生此作，定是同窗白头相聚，席间感慨“访旧半为鬼，惊呼热中肠”时所写就。几十年风雨生涯的悲欣况味，渗透在字里行间，但最打动聆听者的，还是它所呈现的阳光少年般的情愫，尤其是承传人文薪火的热忱。我想先生此际转赠给我们，自有“坚守初心”“诗意栖居”的寄望在焉。餐叙结束时，周东华同学请求：“请您把诗稿留给我们吧。”先生愉快地答应了。而今娟秀的手迹犹在，慈爱的老师却永远地不在了。

几年前，我刚调到学报编辑部工作时，先生突然来了办公室。“听说你换了岗位，顺便来看看你。”先生淡淡地说。我惊讶且感动：“您是老师啊，咋能来看学生？”先生说：“那有啥不可以？其实我就是想对你说，我看过你给别人改过的文章，太用心了。对自己文字要求严的人，未必也对别人文字要求严。你做到了，很难得的。学校让你来办学报，是用对人了。你可一定好好干啊。”我一时不知说什么好。先生只坐了十来分钟，就下楼了。我要送她回去，先生还是淡淡地说：“你上班，不要送我。刚才上五楼，感觉不太累，下楼没问题的。”

先生4月摔倒不起，我们全然不知。她的女儿崔明路老师和我很熟，近两月还见过面，但丝毫没有提到先生身体状况。尽量不给别人增添麻烦，是先生的一贯的自律，也是先生的家风。先生病危时，只在医院住了三天，就平静地悄悄地走了。先生从病重到弥留时的情况，弟子杨继翰同学从崔家了解一些。继翰在悼文中写道："张老师留话说，骨灰也不要留，撒在开满鲜花的坡地上，和鲜花阳光做伴。"我读到这里，耳旁似乎又响起先生淡淡的话语，不禁潸然泪下。

我们的精神父亲

“一日为师，终身为父”这句格言，中国人没有不熟悉的。但就我的感受来说，它不仅道理不通，还有很大的虚伪性。凭什么“一日为师”，就能“终身为父”呢？对于多数老师，无论授业于我一日还是数年，我都只能认可和做到“一日为师，终身为师”。

不要嫌我较真。我绝没有亵渎“天地君亲师”的意思，只是想说，尊重老师固然是学生应当领受的伦理，但无条件地践行“一日为师，终身为父”之说，是不能让人心甘情愿的。不同阶段遇到的老师，有我敬仰如父母者，也有我不想多说者。教师是一种职业角色，古往今来，能“为人师表”者，总归是大多数，但滥竽充数的、品质污下的、伤害过学生的，也不乏其人，我们不可以对他们失礼，感情上却难以如父如母地爱戴他们。

只有幸运地遇上如赵华昌先生一般的良师，我才会不含丝毫水分地心生敬爱，终生从游如父。从小学到大学，我眼里的这样的父亲，并不止赵师一位，但赵师的如父位置，在不才心中始终居上。

从 1979 年初秋到 1981 年仲夏，赵老师授我英语两年，其间还给我们做过一个学期班主任。因为先生的因材善教，我们这些来自四里八乡的生瓜蛋，英语听说读写能力的提高，用突飞猛进形容，一点也不夸张。

先生作为教学能手的名气，是从黑龙口中学传遍全县的。关于先生的“黑龙口传奇”，自有赵门“七十二贤人”文加荣、赵鹤年等学兄追忆，我只说说打从商中起认识的赵老师。

先生二返商中，是我们读高一的 1979 年。秋雨霏霏的日子，先生夹着教案进了教室，笑眯眯地开始上课。先生衣着朴素而整洁，戴一副黑边眼镜，讲一口标准普通话。我从穷乡僻壤来，尚未见过风度如此儒雅、国语这么纯正的老师，心里就暗生理想：将来学成了，也要做这样的教师，回到北宽坪教书去。

“拨乱反正”年代考入商中的学生，英语基础普遍为零，因此两年制高中期间的英语课程学习量之大，当今的“九〇后”恐怕很难想象了。当时的教育部也在想办法，组织专家赶时间编写出了两册的《高中英语代用课本》，从 1978 年秋季启用。“代本”是高中常规六册英语教材的浓缩版，也可以说是应时而出的“急救编”。但我们这些英语文盲，直接使用“代本”学习，压根儿对接不上，所以老师们的施教办法，既特殊又有效：高一讲授初中英语，六册内容一年内“填鸭”；高二始用“代本”授课，授课量压缩在一个半学期内讲完，因为最后的两个多月，我们必须冲刺高考。如此说来，我们的高中英语学习，实际上是一个速成式、猛跑式的过程。

带领我们速成、猛跑的赵老师，能耐确实厉害，真不是一般的厉害。从初识二十六个字母到掌握两千上下的词汇量，从接触简单的语法规则到领会和汉语区别很大的虚拟语气等等，先生让我们的英语世界日益拓展，把所谓的“‘四人帮’造成的损失”差不多弥补回来了。

教我们英语课，对先生来说无异于牛刀杀鸡。先生不惮细琐、循循善诱的功与德，最体现于“万事开头难”的阶段。我现在还清楚记得，甫入商中高一（1）班，在先生课堂上，来自东乡的同学受方音影响，分辨字母“D”与“G”读音十分不易，一张口就惹得城里同学哂笑。先生一点儿不责怪，慢条斯理地说：“大家可别笑，谁要是张村到丹凤一带长大，学英语开始都这样。毛主席教导我们‘不要着急，慢慢来’。”然后一遍又一遍地示范口型，让大家直观感受舌齿音和舌面音的异同。

先生教我们英语，不只传授知识和技能，还在课内外适量渗透“文化”和“价值”。或许可以说，当时商中的其他英语老师的业务水平，与先生的差距不止于悬殊——多数都是学俄语出身，为了适应新形势而“换频道”教英语。先生教学的一枝独秀，大约由乎两点：一是真正做到了因材施教——尽可能顾及受教者的接受能力；二是真正做到了教书育人——教学中不断引导我们“放眼世界”。我上大学时遇到的英语老师，也极少有人做到后一点。先生讲 *The Arab and the camel* 过程中，不仅告诫我们莫成为“Give a greedy person an inch and he will take a foot”的贪者，还顺便提到《一千零一夜》的来龙去脉，并叮嘱我们“以后有机会一定看一看，有意思得很”；在条分缕析 *Where did the American come from* 时，先生说起了不少我们闻所未闻的“美洲故事”，比《世界历史》课本上的生硬叙述生动多了。

先生文质彬彬，谈吐从容而浏亮，心宅正大而宽厚。无论什么时候，都从不对学生“端架子”。我怕过很多“严师”，包括读商中期间的第一任班主任谢玉秀先生、第三任班主任黄存仁先生，唯独不曾怕过赵老师。不仅不曾怕过，还在先生面前耍过小怪，对我那号“式子”，先生一笑了之。

先生对于学生的爱护宽容、一视同仁，没有一丁点的做作成分。回首商中当年事，我还是不得不说，自觉不自觉的“阶级眼”，在有些老师那里是存在的，对城里娃和乡里娃、优秀生和差等生，态度不免有着或大或小的不一样。但“嫌笨爱灵”“瞅红蔑黑”，从来与先生的为人无涉。居高临下、疾言厉色，永远不是先生的做派。无论谁怎么着违规犯矩、调皮捣蛋，先生都只是和风细雨地数落几句，却从不曾大声训斥过。

先生体恤学生的重课压力，偶尔会穿插幽默小品或中外笑话给我们放松神经。比如有一次，先生讲了一个“现代世说”：旧时代北平的一些有钱人，既追求时髦又很爱虚荣。如果街上见到熟人，刚刚交谈几句，就急不可耐地抬起右手，先指自己左手腕，又指自己嘴巴说：“现在刚过三点，我有事得走了，请晚上赏脸，到我家来吃饭哦！”先生模仿其人语气时，故意将舌音“吃”发为齿音“茨”。我们瞪大了眼睛。先生问：“你们想想他为什么要这样？”大家摇头。先生解释道：“因为他要让人家清楚看到他的三样东西：大戒指、洋手表、金镶牙，以此显摆阔绰。”大家忍俊不禁。先生又问：“再想想，这么个北平人，为什么偏把‘吃’发成‘茨’呢？”大家又摇头。先生再解释：“因为不这样，金牙就不够显眼嘛。”

因为先生的善教，我们文科班同学的高考外语成绩大多良好。更擅长并有志于“吃外语饭”的近十位同学，“翻过秦岭”

进入了外语类大中专深造。我那时学英语不够用功，只因沾了蓬生麻中之光，高考成绩也还说得过去。和我同年考入西北大学中文系的同学，一半以上来自省内各县中，我很快了解到，我在商中是个英语一般生，但在西大同班同学中，入学英语程度是上等的。

我读西北大学中文系不久，给先生写信汇报生活学习新感受。先生很快回了信，不惟热情勉励，更多殷殷嘱咐。一遍遍阅读，感觉如在先生家里聆教。惭愧的是，我辜负了先生的期待，心思全用在文学上，总也不肯为自己的英语"追肥"，幸赖先生给的"那碗酒垫底"，竟然一次次应付过关了英语课程以至后来的职称考试；而今年过五旬，对付一般的英文阅读和汉译，也还不很"怯火"。

一转眼二十多年过去了。我挂念着先生，常打听先生的生活状况，也知道先生 90 年代初调到位于蓝田县的航天部向阳中学任教，但既因为娶妻生子、忙于养家糊口，更因为年轻时"没心"，看望先生的心愿，一直未能落实。2004 年，王晓芳同学兴冲冲地来电话说，先生退休后，和师母迁居到了西安东关。"你不是一直想着吆喝大家一起去看望赵老师吗？赶紧联络成行啊。"于是就有了师生阔别廿载之后的第一次重逢。这次重逢，成了我们频频拜见先生的"新起点"。从此以后，每过些日子，"到赵老师家吃炸酱面去"，就成了我们的"新常态"。几年后，先生和师母又迁到了曲江的"丰景佳园"小区，居住条件很优裕，我们更乐得前往先生家里既蹭饭又闹腾一通了。

"我们的精神父亲"——这是我对先生的美称，如今已经成为同学们的共识。受此美称，先生可以毫无愧色。为什么这样说？ 窃以为理由有三：其一，先生不仅“学高为师，身正为范”，而且言谈蔼然，令弟子“即之也温”，享受着儿女围坐慈父身边的无拘无束感。 其二，先生的视域广阔、胸襟豁达、随缘自适、谈吐风趣，不只过去引领我们渐脱山里娃的局促气、畏葸态，而今依然感染着我们努力保持“风物长宜放眼量”的心态。 其三，先生有着自由知识分子的风骨，且几十年一以贯之，那就是“独立之精神，自由之思想”。 先生对于历史和现实的“说三道四”，既出于栉风沐雨而来的人生经验，亦出于对于人类文化资源的理性取舍。 先生睿智的大脑，既从未屈从过各种强权“威说”，也从未盲从过各色江湖“歪理”。 在当代中国内地的大中小学教师中，这样“有守有为，不激不随”的读书人，其实是很少有的。

先生祖籍河南，生于北京。 童年时代的日子，即使并非锦衣玉食，想来也是中产阶级水准。 在北京市少年宫，先生和年龄相仿的庄则栋练过乒乓球。 十二岁时随父母西迁关中，在西安读完中学后，考入西安外国语学院。 1962 年俄语专业毕业后，执教商洛三十余年。 先生的知识分子父亲也长期从教，大半生心血贡献给了商洛教育。 师爷今已一百零五岁，依然身心健康。“催笋成竹，润花著果”“启蒙开智，桃李满门”这四句话，是赵家两代先生“粉笔生涯”最恰切的写照。

上世纪 60 年代，因为“有自由主义倾向”和“与俄国人通信”，先生受了不少委屈，甚至被下放到板桥山村当过几年社员。“在最困难的日子里，我不气馁，凡事尽量朝好里想。 那些年我自学过中西医。 三个女儿出生，两个是我自己接生的。 70 年代在黑龙口教书时，我不仅能解决学生和老乡们的头疼脑热问题，还会给耕牛看病呢。”先生讲起过去那些经历，没有伤感和抱怨，倒像是在回望一段美好的经历，令我不禁联想到了“一蓑烟雨任平生”的苏东坡。

先生不仅倾尽心力教书育人，还业余不辍翻译工作。先生从俄文转译的英文寓言，早就被收入了小学语文课本。先生写过不少文章，义理充实清晰，文笔流畅生动。先生多年购买的大量书籍，文史哲方面的，比外语方面的还要多。我们去先生家里，吃饱喝足之后，往往有意外收获——先生会慷慨赠书给我们。“这是我的明智之举，你们要配合呢。这么多的书，我也基本用不上了，可是对你们还能发挥余热哩。”先生用地道的商县话说。

先生年将八旬，但身体的健朗、精神的焕发，完全不类耄耋长者。今年开春，田书民同学路过西安，约马文敏同学和我一大早看望先生。午后又一起乘兴出门踏青。半天时间里，师徒四人走了好几个地方，先生的步子比我们仨还要麻利。书民后来一再感慨：“我们将来老了，能有先生精气神的一半，就谢天谢地！”先生熟练使用微信，可能比我还早些。在频繁的手机信息往来中，我无数次感受了先生的思维活跃。前几天，我转发一则微信给先生，内容不便在此交代，大致关乎某两种学说既是一回事，又互相抵牾。先生很快回道：“本是同根生，相煎何太急？”我不禁羡慕嫉妒恨地惊叫：“这老爷子，反应也忒机敏了吧！”

正因为先生人生气象的正大与丰富兼而有之，先生的心态和步态依然朝气蓬勃，我和先生的亲近感与互动频度，中年以后远逾少年之时。我和先生伦分是“纲常不乱”的，与先生的交流却是近于“无辈无龄”的，有近年拙诗为证。

《与诸同学侍酒业师华昌先生》（2015 年 10 月）：

清茗热醪奉本师，正当京兆月明时。
想思争向先生报，却愧恩晖报答迟。

《与诸同学赴赵师“丰景佳园”府上欢宴归来报句》（2016 年 3 月）：

一世同心仰赵门，嘉园围席共盘飧。
事师常想如慈父，水出清源树有根。

《九月廿五晚恩师赵公府上欢饮归记》（2016 年 9 月）：

其一

一到赵门情性真，寻茶索酒似强邻。
开心最是微醺后，师父膝前争宠频。

其二

弟子白头何幸焉，师门谑闹意拳拳。
他乡并看嘉园好，簇拥先生到鹤年。

《戏呈业师赵华昌先生》（2016 年 10 月）：

自古先生爱女生，我心嫉妒不吭声。
偷偷喝醋二斤半，血压降它三四成。

《冬夜报业师赵华昌先生》（2017 年 11 月）：

其一

先生南下我西漂，生趣欢欣伴寂寥。
一样心筝遣寒夜，风萧萧也雨潇潇。

其二

发聩商山感当初，光景而今幸有鱼。
最喜贪心常过望，师庐屡获久藏书。

《呈业师赵华昌先生》（2017 年 12 月）：

白乌马角写咸京，掷笔寸心清瑟鸣。
寄意寒星遣长夜，晓行轨辙效先生。

实话实说，迄今为止，先生是被我写进诗里最多的业师。拙句正经也罢，谑闹也罢，都道出了我在具体情境下对于先生的多方面感知。

不久前师生又一次餐叙，来了六七个同学，都是先生 80 年代教过的商中老学生。起席时，我打趣道："我们都五十多了，不管谁的父亲健在还是故去了，您都是我们的老爹！"抽着烟的"老爹"乐呵呵地说："孩子们，我和你们师娘去北京十来天就回来，给你们包饺子或做炸酱面吃，到时候可都要来啊！"

一件新衣裳

这篇文章涉及的小学生，而今都已是中年人了。他们读到此文，会有些不自在，所以有必要隐去真实姓名。

1974年，我十岁，在广东坪小学四年级上学。五一节前，不知什么原因，母亲带我和妹妹去了山阳县，父亲是那里县中的教师。大约一周后，母亲不能耽搁小学的教学，就留下我们回了老家。按说我得回去继续上学，父母这样决定，也不知什么原因。不过对我来说，接下来的三个月，真是一段太开心的日子——可以任性胡玩疯耍，“上课闹革命”什么的全然和我无关。我交了好几个知心的伙伴，吃了很多从未吃过的点心和水果，看了很多在老家很难看到的电影。只是好景不长，8月初，我们很不情愿地被母亲接了回去。

离开山阳前的一周，因为依依不舍，玩伴儿们天天和我“猴”在一起。母亲是细心的人，看到这些孩子们的衣服比我的好得多，就对父亲叹息道：“咱娃穿得太土了。这次回去，给娃也做一件好衣服。”

母亲说到做到，秋季开学前半个月，带我到离家十五里的北宽坪镇，为我购买了做好衣服的料子——几尺米黄色的涤纶。和而今情况不同，那时候俗称“的确良”的涤纶，因为挺括又耐穿，属于平民奢侈品，购买它不需要布票，但价格比一般棉布昂贵。母亲拿它到街上唯一的裁缝店，请老把式白叔给我做新上衣，款式选定了改良型的“五四服”。

没过几天，新衣服做好了。在白叔店里，我脱下“布疙瘩”扣襻的“褂褂”试穿它。在此之前，我从不曾穿过如此时尚的“制服”，尤其那三个又像又不像干部装流行式样的兜兜、五个闪闪发亮的白色有机塑料扣子，在镜子里格外耀眼。我穿上它虽有些不自在，但又心生几分小得意。白叔笑道：“合体得很，直接穿着走吧，没几个娃娃有这么好看的衣裳哩。”

于是我穿着这件新衣，高高兴兴地跟着母亲回家。一路上碰到的长辈，大多拍拍我的头，口气欣赏地说：“穿得漂漂亮亮，多好啊。”听到这样的夸赞，我的得意感又平添了几重。

回到板岔沟的家里，母亲说：“这衣服先别穿，过一遍水才不会缩。开学第一天再穿，精精神神去念书！”我不大情愿地脱下它，看着母亲在小溪旁将它轻洗一过，又挂它在竹园旁的木杆子上。不一会儿山风忽来，眼看着就要下大雨，我扔下手里的小人书，飞也似的取下它晾在屋里。

开学的日子到了，我让祖母老早叫醒我，穿上我的五四服去上学。我家是独庄子，周围没有别的住户。从家里到广东坪大约五里半行程，途中二里多山路两旁，还是没有人家，因此每次早起上学，我都有些害怕。冬季天亮得晚，尤其发怵，便常常等待住在山垴上的同学结伴出沟；等不着他们的话，就拿个长木棍壮胆。但这一天，我好像忘了胆怯，也忘了等待同伴，自个儿带着一块苞谷窝头，蹦蹦跳跳出了院子，唱着《火车向着韶山跑》，一溜烟向学校赶将去。

正是初秋季节，满沟里的庄稼成熟得快要撑破梯田。黄中泛红的各种柿子在枝头随风摇曳，煞是好看。我熟悉的鸟儿们争相出巢觅食，叫声此起彼伏，清脆悦耳。松鼠在树上跳上蹦下，好像在炫耀本领。一只兔子贪吃着已经枯黄的大豆壳，我扔一个小石子过去，它嗖地一下没了踪影……我好开心，想起在山阳时，一个和我经常交换着看小人书的城里娃听我讲板岔沟的种种好玩和不好玩时，曾一脸不屑地说："你们那鬼地方，就是个狼窝掌嘛！"这是拿我们的语文教材里的一篇课文《三战狼窝掌》笑话我是"山狼"呢。此刻，我心里偷偷地说，我们这里，不一定啥都不如你们城里。过几年带你来玩，管叫你不想回去哩。

很快地，我走到了离学校一里半的八亩坪。这地方河边地势比较平坦，所以形成了个小村子，住户都是"下湖人"，老一辈会说广东话，年轻的也能飙上十句八句。据说他们要商量"户里"的事儿或对付旁姓人时，就讲广东佛山话。

在八亩坪村头，我看到三个同学正从河对岸走来。个子稍高些的是总让人觉得从来不洗脸的赖拴娃，另外两个是经常吸溜着清鼻涕的赖二虎和穿他姐退下来衣服的赖铁柱。我喊了一声："拴娃！"拴娃揉了揉眼睛，有些发怔地看着我。二虎和铁柱也愣在那里，抠着手心，神色显出明显的疑惑。片刻，二虎问："你不是不回来了吗？"我说："谁说我不回来？早都回来了，就是没碰上过你们。"正在这时，我的"姨夫爷"——一位平时在区上农机修造厂做事的老者担着两桶水过来。他是个性情开朗的能人，见了我放下水桶，哈哈大笑：“我平娃回来了，好嘛！ 中午放了学别回去，到我家吃苞谷饸饹！”我不知应还是不应，姨夫爷又问了我家竹子的开花病好了没有等几件碎事，然后挑起水桶说：“快上学去，说好了来吃饭噢！”说完笑眯眯地去了。

姨夫爷过河了，我赶忙往学校去，却发现三个同学已经走远了。 我追赶他们，但他们几乎跑步着前行，已经将我甩得老远了。

快到学校附近时，我碰上了从斜坡上急急走来的庞灵子，一个爱扎马尾辫的五年级女同学。 我们都是“红小兵宣传队”成员，初小时就一起上台演节目了。 庞灵子是个小大人，每次演出前能给自己化妆，也帮老师给我们打底粉画眉毛。 庞灵子见了我咯咯发笑，把手里的热红薯掰一大半递过来：“尝尝，我妈才蒸的。”我问：“你笑啥哩？”她说：“衣裳好得很，看你的扣子！”我这才发现扣错了两个。 灵子立即把还没吃完的小半块红薯塞进衣兜，麻利地替我扣好扣子。 我们说说笑笑进了学校，恰是老师吹哨子的时刻。

不同往年开学第一天，这个早晨，我们没有照例早读、早操，而被全体集合操场，接受公社教育专干、学校领导和贫协代表的挨个“路线教育”：全公社要掀起教育革命新高潮；学校要大力“开门办学”；老师要吸取“马振扶事件”的深刻教训；班主任要组织学生讨论“黄帅日记”；学生要敢于对老师“头上长角，身上长刺”；要……

轮到贫协代表结结巴巴讲说“农业学大寨，形势一派大好”云云，时间已经过去了近两个小时，放在往常，这当儿该上第二节课了。我站在学生群里，无法集中注意力，因为尿憋得小腹生疼。可是我是个胆小的学生，没有勇气往厕所里跑。

但远比憋尿让我身心由忐忑不定到慌乱不安的，是从进校那一刻起，就感觉到不断有同学用怪异的目光看我，列队站定操场后，怪异的目光越来越多地投向我。台上的讲话很是起劲，还不时夹杂着响亮的口号。但除了老师，没有几个人有兴趣倾听，绝大多数同学的兴致，都锁定在我身上。我看到站在我前几排的拴娃和几个男同学时而回瞥我，时而交头接耳，彼此眼神里闪烁着诡秘的坏笑。我很快意识到，大家注目的不是我而是我的"料子"五四服。在一百多个学生中，这件新衣服太与众不同、太醒目扎眼了。我的同学们穿的都是棉布衣服，其中一多半还是用家里自纺的老粗布缝制的，"款式"一律是老式的"褂褂"，和他们的祖父母、父母、亲戚邻人的穿着没有两样。即使我们老师的衣着，也大多与农民无二，只不过衣料来自供销社而已。简单说吧，今天，广东坪小学里的所有学生，唯有我一人身着"制服"来上学了。

紧张、窘迫、孤独和无助，开始无可奈何地折磨着我。我清清楚楚明明白白知道，今天犯了一个天大的错误：穿着这件衣服来上学，让自己和同学们格格不入。早秋的深山里，气温凉爽甚至有些寒意，年长些的农民下地干活，已经穿上了夹衣，但我脊背汗水涔涔，双脸热得滚烫，心脏跳得快要蹦出腔子。我仿佛感到四周的山崖正在缓缓地向操场合围，很快就会把我压扁挤碎。

我急切地盼着集会赶快结束，上课立马开始。

集会终于结束了，主持人宣布：自由活动二十分钟，然后各班上一节课便上午放学。我长长地舒了一口气，第一个冲出人群跑去厕所撒尿。

从厕所出来，小腹不怎么疼了。正要去教室，却听拴娃大声叫我：“走！挤油油去。”我说：“你去，我不去。”劳动干事党社教一把抓住我右手：“走走走，耍哩耍哩！”拴娃也迅速扯起我的左臂，叫喊着“都来呀，都来呀”往操场东边跑去。所谓“挤油油”，就是一大群男生贴着墙壁下或谷堆旁互相拥挤，谁被挤出了队列，就是大家调笑的“软蛋”。冬天很冷时，小学生最爱玩这种游戏，因为拥挤一会儿，浑身就都暖和了。

我几乎是被拴娃和社教绑架着来到了大麦秸垛下。那时农村学校的操场，大多利用着生产队的打谷场。因为一年的农忙，也就夏秋各二十来天，所以多数时候，它是学校上体育课和学生课间玩耍的场地。我们的打打闹闹，最喜欢围绕着大麦秸垛进行，主要原因是散落在地上的麦草柔软，摔倒了不会疼痛。

广东坪小学有史以来最起劲最酣畅的一次挤油油，在大麦秸垛下声势雄壮地上演了。穿棉袄的冬天到来还早着呢，但孩子们玩耍是不分季节的。只是这次挤油油，是一次比往年提前了两个月的迅速而高效的共谋。近二十个男孩子早已站成弧形的一排，龇牙咧嘴地“迎接”着我。我一到麦垛前，队列忽地对半闪开，我被推到最中间位置，配合默契的开挤即刻执行。左边的人向右挤我，右边的人向左挤我。我一次次被挤出队列，又一次次被拽搡进来，站位不会有任何改变。流着清鼻涕的二虎不断地高喊：“烧包不烧包？”众人齐应：“烧包！烧包！烧包！”

显然，从未有过的狂欢体验，让合作者兴奋得忘乎所以。

我恼羞交加，百般挣扎，但无法挣脱被摆布的处境。紧张感和窘迫感很快升级为极度的恐惧甚至绝望。我从心底里涌出对这件五四服的仇恨，它带给了我猝不及防的巨大耻辱，我恨不得立刻将它撕成碎片、烧成灰烬。

十来分钟后，我快要崩溃了，“哇”地放声大哭。成就感十足的合作伙伴们，一时惊愕得停止了狂欢。我蹲在地上，哭得一塌糊涂。正在操场西边玩跳绳的庞灵子闻声跑过来，冲着男孩子们吼道：“你们干啥哩？”迅即拉我起来走开去，又回头狠狠瞪了二虎们一眼，挑衅地说：“除了鼻涕掉嘴上，还有啥本事嘛？”这时，上课的哨音响了。

那一节课堂上，老师讲了什么，我一句也没有听进去。中午放了学，我没去姨夫爷家蹭饭，也没有和家住板岔沟的孩子们同行。我撒脚向家里跑去，狼狈得像一个仓皇的逃犯。路边的柿树枝头，累累秋果依然随风欢舞，鸟儿们仍旧在山坡上啁啾，但我觉得它们都在嘲笑我。进门第一件事，就是脱下那件五四服，将它扔进柜子。祖母不解地问：“咋又不穿了？”我气咻咻地说：“才不穿呢！”

从下午上学起，我又穿上了那件“布疙瘩”扣襻的“褂褂”。

板岔沟里的王安正

一放寒假，便急匆匆地往家里赶，“正是严冬天气，彤云密布，朔风渐起，却早纷纷扬扬卷下一天大雪来”。 班车开到北宽坪镇，就到了终点。 接下来的路程，只能步行了。 我家在板岔沟，离镇上十五里。

板岔沟，会峪河源头之一，一个任何地图都不会标示的地方，读高中之前，我很少离开过那里。 沟沟畔畔的一草一木，都是我的好朋友。

这天逢集，山路上人流如织。 想起刚上大学时，路上见到的乡亲，还大多穿着补丁衣服，脸上也普遍显出营养不良之色。前年在西安观看商洛花鼓戏《六斤县长》，主人公查看春季物资交流会时唱道：“县长我今天来执勤，春会上见到了两样人……也有的人，黄胶鞋露出了脚后跟，称一斤咸盐短三分。”我听了觉得亲切，更觉得心酸。 可是仅仅过去了不到三年，乡亲们的日子就大变样了。 现在，和我擦肩而过的老老少少，都身着称得上体面的衣帽鞋袜，面色不仅红润，还泛着快活甚至满足。这又使我想起何士光小说《乡场上》里的冯幺爸的话：“只要国家的政策不像前些年那样三天两头变，不再跟我们这些做庄稼的人过不去，我冯幺爸有的是力气，怕哪样？”可以说，更多的冯幺爸，已经从何士光的小说里来到了现实中。我真的感到高兴，想用我的笔记录这样的“山乡巨变”，只可惜我的笔太笨了。

走到半途，拐了个山弯，突然就遇到了王安正。他挑着一担劈柴，足有一百二三十斤吧，累得满头大汗，嘴里呼出的白气一团接着一团。安正赶紧放下柴担，憨傻地冲着我笑，又摸出一包皱巴巴的“白河桥”牌香烟。我抢先掏出“红延安”给他一支：“吃我的，吃我的。”他收回他的：“吃你的，吃你的，你的好嘛。”我们说了几句闲话，就都感到没啥说了。安正说：“我赶集呀，迟了买主就少啦。”说罢扛起柴担，晃晃悠悠地去了。望着他的背影，我大声道：“过几天，我去看咱婆喔。”他半转身说：“那好嘛，婆前两天还说你哩咯。”我说的“咱婆”，是指安正的祖母。

安正担柴卖，至少已经七八年了。他父亲王保山担柴卖，要比他早三十多年。安正抽纸烟和我一样，都是近两三年开始学坏的。去年暑假回来，见他抽的是“羊群”，一毛钱一包。这回升级到了“白河桥”，每包两毛二。我抽的“红延安”，要六毛三呢，在大学生，算是高档烟了。其实我平时也抽不起，只能买两毛七的“大雁塔”；最近期末考试结束买了几包，作为奢侈品慰劳自己。

每个人孩提时代，都有玩伴儿，北京话里，好像叫发小。大我一岁的王安正，就是我的第一个发小。

我们家在沟底里，安正家在坡垴上，都是独庄子——也就是周围没有别的住家。因为父母在外工作，直到上初中以前，我都跟着祖父祖母生活。我祖母——我们那里叫“婆”——对我太好了，但凡好吃的都给了我。有一次，我中午带一个同学来家里，我婆给我们做苞谷糊汤（玉米粥）吃。因为来了小客人，糊汤比平时做得稠了些。但我婆还是背着我的同学，把为我藏着的白面馍馍塞给我，让我悄悄躲在另一间屋子里吃，她则以与我同学拉话做掩护。婆孙俩的默契，有点儿像地下工作者的配合。而事实上我婆这样做，让我心生别扭和惭愧，觉得很对不起那位同学。

但我婆不知道，我曾经背着她，把很多好吃的给了安正，“见一面，分一半”的事，在我和安正之间是经常发生的。只是安正分给我的一半，和我分给安正的一半，品质相差太悬殊了。我给他分过白面花卷、油炸麻花、水果糖、饼干。他分给我的，只能是核桃、毛栗、柰子、柿饼等。我知道，这种分享，绝不能让我婆知晓，否则一定骂我“攮子”——就是往外白送东西的人。

可是，我做“攮子”对安正好，是心甘情愿的，谁让他是我的发小呢？直到上了高中，也就是前几年，我才亲眼见过幼儿园。我的幼儿园，就是板岔沟的丛林小溪，而瘦猴似的安正，则是我的唯一的小朋友。

在板岔沟的“幼儿园”里，我和安正赤条条地在山坡上的涝池里打过水仗，每次都搞得污泥满身。我和安正在小河滩里建造过水坝，是照着旧报纸上的水库模型做成的。我和安正在陡崖上玩过“滚圆圆”，也就是搬来圆状石头滚下坡去，有一次还差点儿砸中了一个过路人。我和安正在树林里修盖过微型的石板房，常常是三层楼。我和安正摘过青柿子埋在河沙里脱涩，四天后取出美美地吃个饱。我和安正捉过不少螃蟹，掰断了它们的腿，生食常常只有一丁点的“咸咸肉”；或者用石头活活砸死爬行迟缓的癞蛤蟆。现在想来真是杀生罪过。我和安正房前屋后玩捉迷藏的次数，多得数不清。

但没过几年，我和安正的“幼儿园”就停办了，因为我们同时成了小学生。安正长我一岁，却比我低了一个年级，原因是我妈认为，我可以不读一年级而直接上二年级。1971 年的板岔沟初级小学，一个老师教着三个年级，总共却只有十三个孩子，一年级七个，二年级一个，三年级五个。二年级那一个，就是我。这肯定是中国乃至世界上最奇特的小学之一。

安正念书是灵是笨，我现在已经不记得了。不管是灵是笨，安正小学上完就辍学了，因为初中每学期要收学杂费两块五毛钱，加上课本和作业本钱，差不多一学期开支接近四块了，安正家里肯定交不起。是啊，每隔半年就交费四块，他们家怎能凑得齐呢?

安正十五岁以前，家里只有四口人——他婆、他爸、他妈和他。到了 1979 年，才添了他弟弟。他爸妈都是壮劳力，他家日子本应好过，可实际情况是很不好过。他爸王保山头脑比较迟钝，年轻时上山砍柴，不小心滚了坡，一只眼睛被树枝戳了，没钱及时医治，就成了半瞎子。我印象中，一年四季，保山的一只瞎眼没有不流泪的时候。保山娶的媳妇麻桂花即安正他妈，基本上不识数，话也不大能说清楚。

我婆经常说:“那家能撑下来，全靠安正他婆哩。要是他婆不在了，家也就要垮了。”其实这不只是我婆的感慨，更是全生产队人的共识。安正他爷我没有见过，听说很早就病故了。王家几十年的光景，不是过而是熬。他婆实在是个了不起的小脚农妇，全家里里外外大小事体，都得老人全身心操持。我一直很尊敬安正他婆，只是过去文化低，不知道怎样描述她才好。

大一时读《红楼梦》，看到关于刘姥姥的情节，便不禁感慨地想，安正他婆就是我们山沟里的刘姥姥。

在我的印象中，安正一家老小，从来就不曾吃过纯白面馍，也从来不曾穿过不打补丁的衣服。安正有时带十几个鸡蛋卖给供销社，只是为了换回点灯的煤油。他爸逢集就担上劈柴去卖，也只是为了称上几斤食盐。记得有好几个初夏，安正他婆拄着拐杖带着安正到我们家来，不是来串门子，而是收捡我婆准备扔掉的布鞋或麻鞋，那都是我们穿得很旧了的。每次临走时候，他婆总是对我婆千恩万谢。

我上了初中以后，和安正每隔几周还能遇上一次。到县城上高中以后，见安正面的次数就越来越少了。好不容易遇上了，又没有多少话可说。一般情况下，我问他答几分钟，便会出现冷场。我家和安正家不是亲戚，但因为我俩的关系，多数年份的春节，还是会互相走动的。去年过年时，安正来我家，我还打开了他绝对喝不到的“柳林春”牌白酒待他，但仍是没有多少话说。安正走后，我妈说：“你和安正啊，慢慢就变成鲁迅和闰土了。”听到这话，我心里咯噔了一下。

但即使见了面越来越无话可说，我还是时常惦念着安正。只要碰到从老家来的人，我都会问“安正现在咋样”。谢天谢地，这几年关于安正的消息，都是好上加好。比如实行土地生产“责任制”以后，安正家分到了十二亩多的坡田，不仅每年的口粮绰绰有余，还可以一周吃一次白面馍、一月吃一次白米饭了。记得我爷说过：“娃呀，世上的吃食，麦米也就到顶了。”如此说来，安正家在吃的方面，现在也可以偶尔“到顶”了。前年夏天回家见到安正时，他已经不穿补丁衣服而改穿“红卫服”了，虽然是从地摊上花三半块钱买来的不大合体的旧货。

在我的记忆中，安正从来不曾穿过制服，因为做制服的衣料子，他们家买不起；即使买得起，他婆和他妈也不会裁制；交给镇上的缝纫店做，每件得花五毛钱，他家绝对舍不得。所以安正敢掏三块五毛钱买了“红卫服”穿，可不是一件小事。

关于安正，我现在最关心的一件事，就是他什么时候能娶上媳妇。记得三年前，我妈曾讲，她在路上碰到从集上卖柴归来的王保山时问：“你给安正攒下说媳妇的钱了没有？”保山说：“前几天都差不多攒够了，可我买了两头猪娃，又不够了。”我妈告诉我，她听了安正他爸的话，直想哭。我听了我妈的话，也想哭。一头猪崽的价钱，大约十二元。

不过我想，无论安正什么时候娶上媳妇，我都得赶回板岔沟去表达我的祝贺，并送上一份实惠的、重重的礼当。

补记

这篇文章作于1984年初春，写在质地很差的稿纸上。王安正家后来的情况是：一、上世纪80年代后期，他婆、他妈、他爸先后病逝。二、上世纪90年代初，他弟弟因先天性心脏病去世。三、1998年，三十五岁的童男子王安正终于结了婚，媳妇是三十里外的一个已有三个孩子的寡妇。不过不是人家改嫁过来，而是安正入赘过去。听说安正成为新郎那天，全村人纷纷赶去送行，男女老少都哭了。但因为没人告诉远在异乡的我，我就未能赶回去表达我的祝贺。

自撰墓表诗

前几天，好友王文发来手机短信，内容是一则大约来自网上的“搞笑墓志铭”。他知道老夫近来腿脚患病，卧床寂寞，故逗我一乐。我阅罢，大笑，且来了兴趣，就将他的短信扩写，成为我的《自撰墓志铭》：

刘公，商州北乡人也。初从文，屡试不中；后习武，校场发一矢，中鼓吏，逐之出；越数年，师拜何匠人，凿井乡曲，一日坠井架，断左臂，辍其事；至而立，从其友王某习法科，为律师，讼辩百无一胜，乃失业；年不惑，腿无由而疾，遂学医，有所成，自撰一良方，服之，竟卒。友朋莫不叹惋，共谥“霉公”。骸骨葬故里。铭曰：

呜呼刘郎，命途堪伤。谋衣谋食，辗转他乡。落拓尘寰，四时奔忙。诸业无成，自医乃亡。今生已矣，来世安康！

何匠人，我的师傅、作家何丹萌。何公当年曾著剧本《天狗》，系由贾平凹兄同名小说改编而成。剧中人，是一对打井的师徒。王某，我的朋友、我父亲的学生王康，陕西著名律师之一。二公和我相知已久，往来频繁。我的谑词，他们绝不会介意。

这篇墓志铭，属于“嘲戏”之作，内容全是虚拟，想象自己为古时一平人，生来倒霉，事事无成。如此胡扯一气，纯为好玩耳。屡试不中、校场发矢、凿井断臂、讼辩无胜云云，我当然都没经过。

去年暮春，我还写过一首玩“死”的绝句——《自撰墓表诗》：

墓主刘郎号半通，皮囊昨夜赴虚空。
痴狂一世多悲喜，毁誉由人爱恶中。

这首短诗的内容，就不全是戏谑了。后两句，了解我的人，不会说我矫情。写完了，多少有些小得意，便对孩子讲过：“如果哪一天，我真的呜呼了，可以考虑把这个刻上墓碑。”

从前年开始，我的身体上的毛病，就渐渐多了起来，因此，不止一次，想过死的事情。死亡，如英国作家萧伯纳自撰墓文所言：“我早就知道，无论我活多久，这种事情，总是一定会发生的。”所以，我愿意从中年开始，便把它看开些。著名评论家胡采先生晚年曾说：“我不熬煎死，就怕死得不痛快。”就对待死亡的态度而言，我和胡老是忘年交。

作为俗人，我贪生。但同时，基本上不怕死，尤其四十岁后。2008 年地震那天，我正在“人人乐”最下一层购物。14 点 28 分，大楼开始剧烈摇晃，顷刻人群大乱，其情势，近于狼奔豕突。全超市的临危而基本镇定者，大概就我一人而已。当时，唯有一个感慨：这下要成失踪人员了。

只是常想：一、死前，最好别卧床经年；二、别死在父母前边。

顺便谈一下：就文体性质说，墓表和墓志铭（墓志）、祭文属于一大类，但又不无小的区别。简而言之，墓表是刻在墓外的石碑上的文字，墓志铭则要埋在墓里；墓志铭可言情，叙小事，墓表大多只写大事、要事。至于祭文，是丧仪或祭日为死者写的哀悼文，主要供念诵之用，一般不勒于墓石。

我以为，现代人撰写此类文字，用散体、骈体、韵散结合体，可随自己方便。文言体，白话体，亦可不拘。遣句用词来得真诚、得体，才是最要紧的。如果用文言体，我觉得有必要强调两点：一、努力避免佶屈聱牙，尽量让一般文化程度的受众能看得懂；二、努力避免文白夹杂、不伦不类。

中国旧时的哀悼类文字，不乏情辞俱佳、感人至深之作，如“祭文三绝”——韩愈《祭十二郎文》、欧阳修《泷冈阡表》、袁枚《祭妹文》。但歌功颂德失度的，满篇陈词滥调的，也实在不少。韩愈的部分“谀墓”文，就颇为后人诟病。清人赵翼的《后园居诗》写道：“有客忽叩门，来送润笔需。乞我作墓志，要我工为谀。言政必龚黄，言学必程朱。吾聊以为戏，如其意所需。补缀成一篇，居然君子徒。核诸其素行，十钧无一铢。此文倘传后，谁复知贤愚？或且引为据，竟入史册摹。

乃知青史上，大半亦属诬。”这是说，某些墓文内容中的粉饰美化、弄虚作假成分之多，会严重到“欺史”的程度；可应邀写志的人，明知自己在帮人造假，却还是这么干了。赵翼所陈，确是实情。想想，墓志铭等，写死人，却是给活人，尤其是死者的子孙们看的，隐恶扬善，固人情所难免也。只是，读墓文者，对于文中明显“胡吹贸拔”的话，不可呆看；至于治学者，在引用墓志材料时，更需带着科学实证意识，严谨考据，原本察末，辨伪存真，以免又做了新一轮的传假手。

我从前读过不少西方名人的墓文，感觉更好一些。尤其是那些由死者生前自拟的碑文，文字简练，却又十分耐人回味。如英国科学家牛顿的墓前的碑文：“艾萨克·牛顿，一个海边拾贝壳的孩童。”美国科学家富兰克林临终前，特意嘱咐亲友在他的墓碑上只写一句话：“印刷工人本杰明·富兰克林。”法国作家司汤达的墓碑上所刻的，是本人生前写好的短语：“活过，爱过，写过。”

我对孩子说墓碑刻诗，也不过戏言而已。其实我死了，立马一烧了之，立什么墓碑呢？

书念到谁肚子里了

我是在祖母膝下度过童年的。小时候，我一直觉得，平时得到的疼爱，来自祖母的，比来自母亲的多。因为母亲在外教书，很少带我，我天天的吃穿，都由祖母经管；母亲在家时，如果我格外淘气，就会挨她的打，而祖母不仅从未动过我一根指头，还为我的挨打和母亲吵架。我第一次感受人生无常，就在祖母突然去世时，那年我十三岁。

但慈祥的祖母，也会生我的气。俗话道："七八九，不如狗。"其实，岂止七八九，十三岁之前的孩子，差不多都是"不如狗"的——贪玩、胡闹、使坏、恶作剧，无一不是家常便饭。用长辈的话讲，就是"简直没个人形儿"。我们家是"独庄子"，一里外才有别的住户。上小学以前，没有玩伴是我最大的苦恼。因此，我热爱学校——那是有好多人一起玩的地方。我读四年级时，是 1974 年。因为上一年，全国相继出现了"张铁生交白卷""黄帅日记""马振扶事件"等变故，各地大中小学，就对学生普遍放任自流了，我们那儿也不例外。于是在两个学期里，我和同学们既不写作业，也不考试，算是玩了个够。

我的连续的“没人形儿”，让祖母着急，可她管不下。见我野够了，泥猴似的回来，她会发出一句叹息：“娃呀，你把书给念到狗肚子里啦。”

可是那时候，我还“天地不省”哩，怎能知道这话的轻重？到了上高中时，我去一个同学家里玩，又一次听到了这句话，是同学的祖母说的，她在数落她的两个捣蛋的小孙子。这一会儿，我掂出点轻重了。

但真正地掂出此话分量，是在成人以后。

我的祖母和同学的祖母，都是小脚妇女，也都是文盲。我的从旧社会过来的长辈们，虽大多不识字，对书和读书人，却一向格外高看。我外婆是个剪纸高手，凭我的印象，她老人家的水平，不比现今那些民间艺术大师们差。但是，凡印着或写着字的纸，外婆从来都拒绝使用。我问她为什么，她说：“拿剪子铰字，那是造孽啊。”只要家里来了“文化人”，祖母和外婆，都会尽力做最好的饭菜招待人家。“尊重知识，尊重人才”之类话，农民讲不出来，可十有八九能做到位。

祖母期望我把书念好，懂得道理，长大了干出像样儿的事。“你把书给念到狗肚子里啦”这句话，表明了她对我“荒于嬉”的无奈、焦虑。天下的黎民百姓，对于儿孙的心情，莫不如此。

我外婆有时说的话，是和我祖母呼应的。比如说，某某文化程度高时，外婆会用“人家念了一饱肚子书哩”来形容。在不识字的人或只粗通文墨的人眼里，有“一饱肚子书”的人，是不得了的：上通天文，下晓地理，知礼义廉耻，善修齐治平，能光宗耀祖。

可是，念了一肚子书的人，并非都是那样的。其中一些人的品行表现，让不读书的人无法理解。

不是所有的读书人，都能把事情干得显赫。“像我这辈子，就注定是一个‘悄悄地活，悄悄地死’的过程”——这是我的一位小学老师的自况。我不认为，这样有什么不好。但这个“悄悄”的过程，总该是提升性的吧。对中国的读书人来说，修、齐、治、平，是四个递进台阶。后三个台阶，一个比一个难以攀登。然而第一阶——修身，没有谁上不来。修什么呢？一修读书能“精思”，二修做人有“气节”。关于前者，张维屏说得简要：“读书何所求？将以通事理。”关于后者，朱自清说得准确：气，是有所为；节，是有所不为。

我现在四十多岁了，念的书确实不算少。但回首鸿痕、扪心自问，还真不敢说念好了书。去年三月，我回了一趟老家。在祖父母坟前，哭了一鼻子。我想起了他们平生遭受过的种种艰难，也想起了祖母的那句话。作为读书人，我没有辜负她的期望，却也没有完全落实了她的期望：

——读书能彻义，我没有完全做到。“书犹药也，善读之可以医愚。”这屡被书店用为招贴的名言，好像出自刘向笔下，很是精彩。可是，“善读”并不容易。如果选错了药，或药选对了，却不能很好地消化，疗效便要打折扣。吃错药的事，在我这里还没有发生过。消化不甚好，却常所不免。我读中外名籍，多年囫囵吞枣。别人夸我博闻强识，很能满足我的虚荣心，更助长了一目十行的坏习惯。可是郑板桥的话，才是对的：“读书以过目成诵为能，最是不济事。”我的师长多得很，却无一在读书方面耳提面命于我，这是一个大遗憾。等我明白

“彻义”乃读书要旨，已到望秋之年了。

——知行能合一，我没有完全做到。孔子说：“诵诗三百，授之以政，不达；使于四方，不能专对。虽多，亦悉以为？”意谓读书要学以致用，知且能行，否则便是个没多大用处的读书人。我以为，这话虽完全正确，但只道出了“知”“行”关系的第一层面。更高的一个层面，是张伯苓先生当年曾强调过的：通过读书“造就完全人格”——知行永远合一。孔子、孟子、屈原等，便是知行合一到底的典范。每教一轮中国文学史，讲到“屈原和楚辞”一章，我都会对学生们说：在知行合一方面，我做得不好。比如，对某事十分反感，而又慑于具体情境，不仅不敢公然抵触，还“勉与其事”；至于“匿怨而友其人”，那就不是偶尔，而是经常的了。如此不能知行合一的做派，深为孔、孟、屈所恶。

所以，那天在祖母墓前，我默默地说：“亲爱的祖母，您的孙子，还是把一部分书念到狗肚子里去了。”

总拿狗说事，对狗太不公平。过去的狗，本领常至于看家护院、逐兔撵贼。现在情况变了，充当宠物，为主人调节业余生活的狗，正越来越多。要是我念的书，真的都让狗念到了肚子里，也许那条学富五车的狗，无论做什么事，都会比我出息好多倍呢。

终有一天，我是要和祖母再见面的。我会对她保证：我要做一条狗，一条好好念书、知书达理的狗，一定不让您数落：“娃呀，你把书给念到狗肚子里啦。”

气息的记忆

中午，十二岁的刘小平，从公社门前走过，饥肠辘辘。扑面而来的气息，给了刘小平少有的享受，也是对刘小平不小的折磨。

刘小平就是我。小时候，我叫刘小平。

每天黎明，我被祖母叫醒，匆匆洗把脸，背着几块窝头去上高小。从家到校，得走大约六里山路。到了中午，班上多数同学都可以回家吃饭，我却不能，因为我家太远，回去再返回，很难赶得上下午头节课。几块冷硬的窝头，是我每天的午餐。学校附近有我的亲戚，可以为我提供泡窝头吃的开水。从学校到亲戚家，只有数百米，中间必须经过公社大门。对我来说，每日午饭时辰行经此处，是一个别有滋味的“过关”：从大院里飘出的浓郁的饭菜香味，不仅刺激着我的鼻孔，诱惑着我的喉舌，更搅扰着我的心思。我甚至可以辨别出来，干部们当日的午饭，主食是锅盔还是油饼，副食是烧豆腐还是炖萝卜，其中有无肉片；炒菜用的食油，是大豆榨的、菜籽榨的，还是猪肉炼的。可在我家，在我亲戚家，在当地所有农家，只有到了春节的几天里，才可能闻得到这样的气息。这使我开了一窍：干部和农民的区别，就在于能否天天过年。因了这样的比较，我不止一次对奶奶说："长大以后，一定要当个公社专干。"奶奶乐得直夸我："我娃真有志气！"

后来我上了大学，少年时的公社专干梦，也就当然地画上了句号。

读高小时，我们每学期被安排的"学农"活动之多，常常到了和课堂学习差不多对半的程度。可这种活动的某些，还是令我喜欢的。比如，捡麦穗和割青草。我们唱得烂熟的少儿歌曲之一，题为《我是公社的小社员》，歌词描述小学生劳动的情景："手拿小镰刀啊，身背小竹篮儿，放学以后去劳动，割草积肥拾麦穗，越干越喜欢……热爱集体爱劳动！"老实讲，就少年儿童的天性来说，热爱集体和热爱劳动，是不大可能的。我真正的热爱，是劳动时闻到的蓬勃气息。尤其在阳光灿烂的日子，从割过麦子的田地里，可以闻到类似烤馒头的焦香味；从割过青草的山坡上，则可以闻到与蒸番薯相近的甜香味。上大学后读欧阳修词《踏莎行》："候馆梅残，溪桥柳细，草薰风暖摇征辔。"我又隐约嗅到了如此气息。其第三句，是从江淹《别赋》"闺中风暖，陌上草薰"句化来的。所谓闺中风暖，我年轻时不曾感受，但陌上草薰，却再熟悉不过了。不过我觉得，只有被割过的陌上之草的气息，才是最好的"薰"。

每到期末，班上都要对我们的"学农"成绩进行评比。表现出色的学生，会得到一个 64 开的小日记本的奖赏。这样的本子，我也"荣获"过。日记本中的几页彩插，多是"天津新港""南京长江大桥""32 吨自卸载重汽车"之类图片，让我看了，对城市风貌和工矿生产浮想联翩。而从日记本里透出的淡淡气息，则让我心领神会了何谓“沁人心脾”。其实，不只日记本，所有的印刷品，无论报刊、书籍、年画，还是作业本、账表册等，只要是崭新的，都有着来自纸浆、油墨的好气息。如果印刷品的内容，氤氲着人文的或科学的气息，就更沁人心脾了，如中国的《论语》《本草纲目》，如外国的《物种起源》《约翰·克利斯朵夫》。当然，气息的人文性或科学性云云，是我长大后才有了的体会。

从小学到初中，我是个长得“让人心疼”的孩子。第一次挤在人堆里看《闪闪的红星》，祝新运扮演的潘冬子刚露面，便有大人说：“那个娃娃，多像小平啊。”我就脸红了，心中腾起得意的感觉，却是不免的。因此，我从成人们那里得到的疼爱，要比其他小孩多一些。我的一位远房表姐，就格外地喜爱和呵护我。她是个不识字的大姑娘，长我七八岁，体格健壮，性情开朗。70 年代，民兵训练抓得很紧，她是女民兵中的骨干。公社的“武干”军训男女民兵，多借用我们学校的操场。在我眼里，持枪的她是最英姿飒爽的。到了比赛打靶的日子，她常连中九或十环，别人都比不过。我在旁边观看，特为她骄傲。那时我们看了不少遍的电影之一，是吴海燕主演的《海霞》。我觉得，表姐就是我们公社的海霞。好多个夜晚，我们小孩子们，也曾“坐在高高的谷堆旁边”，听表姐他们讲外头的各种事情，或与他们胡乱打闹一通。在打闹中，我常不知轻重地冲撞表姐。她从不对我恼，只是机敏地躲闪。实在躲闪不过了，便会使出民兵的“擒拿”法，反剪了我的双手，又用下巴抵住我的脑壳，使我一点动弹不得，然后她会得意地说：“看你还安生不！”这时候，我绝对“安生”，安生到了宁静的程度。使我绝对安生的，是从表姐发梢上、颈脖上和衣服里散发出来的气息。这来自青春女性、夹杂着淡淡汗香、透着温湿质感的气息，使我的意识一时变得有些迷糊。后来，我读郭沫若先生自传，看到有关“三嫂”的片段，就会心地笑了。后来的再后来，我给学生讲解中国古代文化史，涉及“怀柔”时，便想用表姐和我的故事为喻，却没好意思说出来。

我上高中以后不久，这位表姐就远嫁异乡了。从那时至今三十年间，我再也没有见过她，也从未听到关于她的消息。

我的老家山深林密，风景甚佳，却又是真正的穷乡僻壤。修通简易公路时，我已十二岁；用电灯照明，则更要晚至我二十三岁那年。我就读的初中，就坐落于距公路数丈远的地方。我们晚间自习，得烧煤油汽灯挂在教室里。80年代中期以前，下乡来的汽车还很少，每来一趟，都会惹得我们坐不安凳。有一天黄昏后，才挂好汽灯不久，一辆汽车就开来了，并在学校前停下来卸什么货物。我们被马达的轰鸣声所吸引，由蠢蠢欲动而至纷纷拥出教室，围着那辆“解放”叽喳。夜幕之下，汽车的两只前灯射出的光束，格外撩眼。就在这时，班主任来了，生气地冲着我们大喊：“看什么看？都给我回去！”同学们赶紧从命，唯独我藏在了车的另一边，直到它开走。回到教室，班主任严惩了我：罚站至晚自习结束；打扫教室一周。

可是班主任哪里知道，我的违纪，不是故意捣蛋，而是因为每次凑在汽车身边时，它散发出的混合着汽油和油漆的气息，给了我太好的、甚或可说美妙的感觉。这样的感觉，是没有办法具体描述的。一位老司机后来告诉我，那时的汽油，含铅量比现在高，为了不使铅沉淀在汽缸里，给油箱注入了一种添加剂，所以香味十足。据说，美国刚进入汽车时代之时，也经常有小孩子追着车尾跑，他们觉得尾气很好闻。还有人说，肚子里有虫的孩子，才会特别地喜欢汽油味。这说法对否，我没有请教过专家，反正我记得，那时候，肚里是没有虫的。

后来进了城，日日穿行于车海之中，却再也没有了那种感觉。现在自己开车，即使去加油站，也对汽油的味道无动于衷。

1985年5月初，我和大学同窗丁斯、朱卫兵结伴徒步登太白山。那个时候，太白山还不是旅游点，登山者寥寥无几，且多走西汤峪一线。我们年少胆大，决定沿着被称作东线的黑河上行，再从西线下山。历尽风餐露宿的艰难，终于在数日后到达了山顶。但下山时，却迷了路，只能顺河流下行，一路披荆斩棘，困饿交加，状如野人。从第三天告别厚畛子到第七天摸索到太白县某小村，不曾见过一个人影。三个大学生，在经历着从未感受过的体验——孤独和饥饿。虽然嘴上互相鼓气，心里却都生出了不小的害怕。最后一天，太阳将要落山时，一个村子终于出现在我们面前。我们欣喜若狂地进村，径直找到村长（现在叫村主任）。村长一家人朴素而热情，立刻张罗饭菜为我们解饥。村长妻子端来稀饭和菜卷，刚一转身，就被我们扫了个精光。再端上来，又复如此。主人便心疼起我们的可怜相，叹道："看把几个兄弟饿成啥样儿了。吃慢点啊，要多少都有哩！"

这天晚上，两个同学歇宿在村长家的厢房里，我则被安排在了与村长为邻的另一户程姓人家。交谈间知道，程家的女主人，竟和我是老乡，多年前嫁到了这里。女主人高兴地说：“你来了，等于我娘家兄弟来了嘛！”我的眼睛便潮湿了。

五月初的山村，夜晚还比较凉。程家烧热了土炕，又为我换了新铺盖，都是用土布做的。褥子的下面，垫了一层柔细的麦秸。我躺在暖和的被窝里，尽管已疲倦至极，却睡意全无。在这个山村的夜晚，在这床弥散着柴火味、干土味、麦秸味、土布味的农家热炕上，我闻到了人间最好的气息。

半通斋志

“半通”者，予家书斋名也。其名之来，由乎予友杨乐生教授戏语。丙戌岁冬，乐生同予赴京公干，十余日间同寓一舍，朝夕出入，如影相随。辄返客馆，把盏共饮燕酿，纵论古今人间事，放言无忌，身心惬甚。某日微醺，乐生笑曰：“君固博识，然亦不无囫囵者，活谥‘刘半通’可乎？”予闻而喜不自禁，曰：“甚善，名我固当！且我书斋有实无号，蒙君赐名，兹后可呼以‘半通斋’者。”

乙丑年仲夏，予卒业西北大学，旋承乏母校教席，忝列师阵。自兹而今，廿又五年矣。初，蜗居干一楼，室仅方丈，且去公厕不数步。以年少识陋且家徒四壁，自拟风雅斋号，必为知者哂。越十四秋，乃迁桃园新区，而吾儿已十岁矣。别斯楼之日，慨然有诗：“饭香尿臭竞熏熏，与厕为邻诵典坟。幸赖秦娥理门户，总惭衣食仰钗裙。墙看四面东西少，床响三声左右闻。讵料今兹别它去，回眸难抑泪纷纷。”挚友王锋阅之，叹曰：“非身历甘苦弥久，不能为此。”

洎乎移家桃园，予室裕如倍前，不数年复得新居，裕又倍增。厅室既广，颇适予怀，乃欢然语内子：“吾今为‘翻身农奴’矣。第念幸附学者骥尾，宜乎以经籍丰实吾宅。”内子笑曰：“书可借以阅，肉可借而食乎？昔袁子才云：‘书非借不能读也。’况君职事上庠，寻之甚便。”予曰：“虽然，吾意决矣。”予薪俸微薄，妻孥衣食之需，完给匪易，然搜购文史典籍并鸿儒著论，未尝惮于资付。但入新旧书肆，必罄我囊而归。今累岁所购，已望万册，十橱俱盈，未可尽纳，里室外厅，俱有堆积，胡琴画轴，并侍其旁，四时览阅，身心晏如。乃倩贾公平凹书“半通斋”，匾而悬之，见者莫不称善。

俚语云：“人得呆儿亦爱，家有敝帚自珍。”人情固如是矣。曩者阅报，闻西京藏书大家有四，储量俱逾五万，而海内珍本，各有搜获不等。予家累岁积储，未及诸公所藏五一，何足自伐？然静言思之，亦毋须自赧，盖以予本乡间子，幼时就学艰辛，颇似《送东阳马生序》所状，今环视吾斋书橱，如将帅阅检秦弓吴戈，则吾心之乐，不待烦言，故自题联语曰：“未愧身无千贯富，犹矜家有四墙书。”

至若春秋代序，门前树老，镜中鬓衰，亦物理性命之不免。然予以望秋之年居半通斋，友群籍而侣琅琴，自谓虽南面之乐，不易也。予执教西序文科有年，同侪朝乾夕惕之专执，探骊得珠之精进，匪能步武，而含英咀华以研诸典，常著诗文以娱心手，亦未常怠，唯或“通”或否，或妍或媸，但求力任而造，而不以巧拙萦怀。是以屡语友朋君子：乐生以“半通”名我，不亦宜乎？

信不信不由我

1981年，国家设立了高等自学考试教育制度。从那时以来的三十余年间，全国通过这种教育获得文凭的人，已逾一千万。陕西省自考汉语言文学专业的本科论文指导和答辩工作，由我们文学院教师承担。上世纪八九十年代的自考生，写作论文的态度还是认真的。近十年来，总体情形却越来越让人窝心。因为网络发达，总有自考生拿了抄袭或变相抄袭来的论文蒙混其事。对于这种行为，我们做老师的，无不深恶痛绝。于是在这些考生和我们之间，就经常发生造假与打假的各种故事。

一个周六，按事先约定，两个自考生来我家接受论文指导。在几日前的通话中，他们说，已各自选了论题，并写出了初稿，这样做，可能有点先斩后奏的不妥，不知导师是否允许。我说，学生自己选题也是可以的，关键是有无学术意义和写的质量如何，你们先拿来，待我看了再说。

那天下午三点，他们准时来了，带着打印好的论文初稿，还有几斤时鲜水果。我只看了两篇初稿大概，就知道都是七假三真的赝品，便正告他们："这是万万不可以的，必须拉倒重做，一定得是自己写的。写得差些不要紧，只要通过一个扎实实践过程，水平得到提高便好。我会尽力帮助你们把论文打磨到合格。”我从书架上拿出几本参考书，费时一个多小时，给他们讲说本科论文的规范、流程等等，又给他们留了电子信箱，然后送他们出门。那几斤水果，我当然笑着纳了。

可是过了一会儿，两个考生又回来了，带着两条“好猫”香烟，一进门便解释：“刚才来您家里，才知道您是抽烟的，这是一点心意。”我立刻明白了他们的意思，径直说：“我确实抽烟，不仅抽烟，还喝酒呢。可你们的猫再好，也是不能住在我家的。赶快走人，免得你们丢人，我也丢人。”他们显出不好意思的神色，退了出去。

晚饭后，有人敲门。开门一看，又是那两个考生，还是带着礼品，但品种换成了两条“芙蓉王”香烟，还有两瓶“六年西凤”。我情绪大坏，批评他们说：“你们又追加‘心意’了，但真正的心意，是让我默许你们造假。可你们想错了。我绝不会收这东西。给你们指导论文，是国家交给我们的工作，而且是有指导费的。我们双方，都要遵守规矩。”他们说这说那，我就更为生气，把他们推了出去。

第二天黄昏，两个考生中的一个又来了。我说：“你怎么又来了？有问题可以通过电子信箱或电话说嘛。”他说：“坐下说，坐下说。”我只好沏茶待客。他从挎包里拿出两张购物卡，放到茶几上，还没开口，我已经大怒，斥曰：“你干什么？把我当成什么人了？收起来，出去！我宣布：不指导你们这样不走正路的学生！”接下来的情景，非常难堪，兹不细述。他收起信封走出去的时候，我连送客的心情都没有了。

又过了两天，我的一位朋友打来了电话，告知我，两个考生找到了他那里，求他做说客，央请我高抬贵手，让他们过关，他们还想知道姓刘的老师是什么人，因为琢磨了许久，也没琢磨透。他已经批评了他们，要他们“放弃幻想，从头做起”，现在来电话的意思是，既然他们被派到了我手下，还是指导到底的好，并莫要卡得太严。我想起来了：考生第一次来我家时，我问他们何方人氏，他们说家在某县某镇，我就提了我的这位朋友的名字。我的朋友，在那里担任着镇领导。

我说：“他们为什么一而再、再而三地要把我‘攻’下来呢？”

朋友说：“你的态度，显得太正儿八经了，反而让人家不知道你葫芦里卖的什么药。”

“太正儿八经？那我该怎样做呢？”

“凡是为办事而送礼的人，都会细算投入和产出比，你把比例推到荒谬地步，他们的念想就打消了。比如，头回送烟来，你说：‘两条不行啊，至少十条，还必须是熊猫牌的。’二回送酒来，你说：‘除了茅台，我都不喝，且只喝茅系中的‘五十年庆典珍藏版’。’三回送卡来，你问他们：‘卡上充值多少？如果在三万元以下，我是绝不收的。’这不就得了？”

“哈哈，你真搞笑。吃一堑，长一智，下回就会了。你是我老师！”

一个月以后，两个考生寄来了他们论文的电子版，质量还不错。又经过几轮网上指导，论文的内容和形式都合乎了要求。三个月以后，他们通过了答辩。答辩会结束后的那天中午，他们要请我吃饭，我爽快地答应了。饭桌上，两个考生一再向我表示谢意，并解释当初行为的动因：已有不少人靠抄袭过了论文关，对他们有“启发”，固然是一个方面。但更重要的原因是，在现时的社会上办事，很难有安全感。他们一个是乡镇小干部，一个是乡村小教师，虽工作不到十年，可经见的事情，也不算少了。我越是“道貌岸然”，他们越觉得我在“玩门道”，于是才有了不断的“补充投资”。

我笑了，戏谑道：“你们现在可以给我送礼了。钱、财都行啊，越多越贵越好。”

他们也笑了，其中一个说：“您啊，真不知道‘有权不用，过期作废’的老话。现在嘛，能请您吃饭，已经不错了。”另一个立即附和：“您就后悔吧。”

我和他们，因此成了朋友。

谁把我们变得如此粗糙

长安四月天，凉热最适时。 周三上午八点，我出门上了出租车，赶往西大北校区。 半个小时后，我得在那里做一场报告，是关于诗词鉴赏与写作的。 昨夜下了一场小雨，清晨天色又转晴了，户外空气，非常新鲜可人。

出租车开到丰庆路和劳动路十字，遇上了长达七十秒的红灯。 的哥立刻摸出烟卷来抽，还让坐在他旁边的我：“你也来一支吧，这个新牌子，焦油很低。”我谢绝了，并感到很不愉快，可也不好说什么。 我是烟民，但从不在不该吸烟的地方吸烟。比如，电梯里、和别人同乘的车上。

也就在这时，我惊讶地看到了一个公交车司机的动作：他在嗑瓜子。 这辆也在等红灯的公交车，就停在我们出租车右边道上的略前位置。 我和公交车司机，相距不到两米。 他很年轻，也挺英俊。 他每嗑完一粒瓜子，都把籽壳吐到车窗外，地上至少已落了十多瓣。 我一下子火了，用手指着他喊道：“哎，你干啥呢？ 这像啥话嘛！”他感到了不好意思，冲我做了个鬼脸，啪地关上了车窗。

到了老校区，正好八点半。 邀请我来做报告的，是省上常设在我们北校区的“干部培训中心”。 我的报告，安排了三个小时。 听课的人士来自校外不同单位，都是处级以上领导干部。 进了教室，乘车来时所见情形引起的不快，还在心头萦绕。 于是有了下面的开场白：

各位女士、各位先生：

一场小雨后的清晨，让我们神清气爽。现在是暮春季节，我想起了唐宋人写春雨的好多诗词名篇。我今天来，没带讲座课件，就先口说三首大家不会听错的名作吧：孟浩然的《春晓》：“春眠不觉晓，处处闻啼鸟。夜来风雨声，花落知多少？”韩愈的《早春》：“天街小雨润如酥，草色遥看近却无。最是一年春好处，绝胜烟柳满皇都。”李清照的《如梦令》：“昨夜雨疏风骤，浓睡不消残酒。试问卷帘人，却道海棠依旧。知否，知否，应是绿肥红瘦！”不知道我此刻念了这几首诗词，大家有什么感受。我想到的是，唐宋人，至少唐宋的大部分文化人，对于身边的物事，总保持着一份灵动的反应、一份诗意的敏感、一份柔情的爱怜。也就是说，他们的心灵世界，是细腻的；他们的精神生活，是精致的。可是，不知从什么时候以后，我们中国人的生存情境、生活方式，尤其是我们的思想、情感，就变得越来越粗糙了。具体说来便是，物质生活日趋粗俗化，精神生活日趋粗鄙化。春雨的酥不酥，很少有人感知；春花的瘦不瘦，没几个人留意。在刚才来的路上，我的这种感觉更为强烈。海德格尔有过一个著名的命题，叫“诗意的栖居”。我们在座的人，以及千千万万的同胞们的“栖居”，如何才能重新获得诗意呢？

但我很快感觉到，我的这番话，并没有打动多少在场的人。同样，我接着讲的话，也未能打动他们。无论我谈李杜、谈苏辛，还是谈聂绀弩、杨宪益，都引不起我期望的现场共鸣。我明白，他们中的多数人，只是来听听热闹的马二先生罢了。甚至在课间休息时，一位男士对我说，杨宪益诗中说人评事，太书生气、太天真和较真了，“何必这也看不惯那也看不惯呢？”我很想不客气地说：“你不懂杨老，因为杨老一定关心‘夜来风雨声，花落知多少’，而你不关心这个，你所关心的只是，早上开公家车上班，马路还滑不滑。”但忍住没说出来。

讲座结束，我从学校西门出来赶公交车。在西门口，我看见了前几天就已听说了的“设灵祭亲”场面。上周某日，一位老者骑电动自行车过马路时，撞上了我们学校一位老师的自驾车，老者不幸死去。尽管这起交通事故，已被交警部门处理过了，可死者的亲属提出了高额赔偿费，未能得到满足，就把灵堂设在了我们学校西门口。连续多天，亲友们不避风雨地轮流着“值班”，校内外各个部门，都拿人家没办法。我听说了这件事后，颇感不是滋味。昨天见到一位律师朋友，我说，如果他们的要求确实合理，为什么不通过法律渠道解决呢？这样的做法，太没有温总理说的“体面和尊严”了。律师说，什么体面不体面的，利益最大化，才是死者亲属们的首要考虑。老百姓都是经验主义者，他们知道，在“稳定压倒一切”的国度，用这办法索赔，比用打官司的办法有效得多。要是换在欧美，你看他们还这样不？

律师的话，句句贴近当下国情。此刻，看到挂在校门铁栅栏上的老人的遗像，看到栅栏前的祭炉上的烧烛和满地的烧纸，尤其看到五六个农民模样的中年男女坐在旧报纸上疲惫不堪的样子，我为那个倒霉的老师难过，同时也为这些“值班”的人们难过。

我回到家里，边做午饭边看电视。《新闻30分》之后的节目，是《今日说法》。这天的“说法”标题是“四郎弃母”，讲说了发生于不久前的一桩“八旬老太，饿死家中”的事件：北京通州区的柴玉吉老人，养了五个儿子。老伴去世后，她随小儿子生活。后来老五也病逝了，老人的赡养，就由老大至老四轮流承担，每家几个月。因在母亲房产继承问题上有纷争，兄弟四个平素不睦，每到交接老母时，常常得由村委会主任打电话通知下一个。今年的一次交接，出了阴差阳错：老二认为交给了老三，老三以为老二没有移交，结果谁都不去过问，竟把老母活活饿死在了老屋中。过了半个月，才被孙子发现。远近的知道了这件比《墙头记》还要恶劣得多的不孝事件的人，无不义愤填膺。看这个节目，气得我一时连饭都吃不下去了。尤其令我心堵、气愤的是，那四郎们谈起母亲饿死事件，像是在谈说一件普通物品的丢失或损坏，只是推诿责任和互相谴责，却无一流露出悲戚表情，也无一丁点儿忏悔语言。

这一天里，从上午到中午所见所闻的几件事，尽管都和我无关，却让我难受了好久。

谁把我们变得如此粗糙了呢？我总在想。

年华暗换在西京

儿子要在一份履历表上填写籍贯，问：我是西安人，还是商州人？ 答：你当然是西安人；一个人成年前主要在什么地方长大，就算什么地方人。 又问：那么西安和你什么关系？ 答：第二故乡、向晚之地。

从读大学到现在，我已在西安生活了廿又九载。 其中，最重要的时段，正是新世纪以来的十年。

十年前，我是西北大学的青年教师。 上午，我在中文系讲授中国古代文学课，因为喜欢玩点口若悬河，便颇得学生好评；中午便餐后，匆匆穿过大街小巷，前往莲湖路口，在我兼职的《喜剧世界》编辑部处理稿件；黄昏时分，赶到东木头市的二十四中辅导自考生；晚十点钟，顺着南城墙悠悠回走，如果感到腹空，中途在地摊上吃一碗馄饨，或几十串烤肉，大觉满足。 一年四季伴随我的，是一辆加了链锁的自行车。 那时，喜欢不断结识朋友，且有交无类。 节假日里，我会和朋友们一起爬城墙、郊游、吃喝、瞎扯，玩到昏天黑地，也不觉疲倦。

十年后，我还是西北大学的教师，但“青年”两字下岗了。

方英文等师友依然不改的“刘郎”之称，让我听着越来越不习惯。工作的地方，由太白路挪到了郭杜新校区。上课前，我会认真准备，然而厌恶了在教室里讨口彩。校外的事体，一律不再兼做。早已和自行车分手，有了家轿，却也不甚喜欢自驾出门。十年间，越来越淡看了无谓的交游、拉扯。因此，疏远、淘汰了很多朋友，也被很多朋友所疏远、淘汰，这是必然的。但我觉得，这样真的挺好。

光阴悄然逐逝水，年华暗换又十春。世间万事万物，皆在迁易之中。人的一生，亦自不能例外，处境、心态、行止、言谈、爱好……都会变化，只是或巨大或微小、或在量或在质而已。

因了很多夙愿难以放下，我挣扎、折腾了多年。现在，再挣扎和折腾，已经感到力不从心了。于是，不断地给自己减压，让生活内容删繁就简，节奏也尽量慢下来。不过，我自信还是个有文化立场和进取心的中国人，况且从目前情况看，离死期尚远，因而总还得做些不想全然放下的事情——既有利于个人身心健康的，又有益于当代社会进步的。我还想通过做这些事影响一些人，如我的孩子、我的徒弟、我的学生。

和很多中年人一样，每逢生日，心头也不免悲欣交集。前年 11 月，我写了一首绝句《四十五岁生日》：“利锁名枷渐卸身，年来情性更趋仁。孙儿尚未膝前绕，已看邻家孙辈亲。”这是丝毫不掺假的自况。我觉得我看小孩子的眼神里，越来越多了长者的慈爱和宽容。三周前，我迈入了四十七岁门槛。那天早上起来，毫无上班的想法，就坐在书房发呆。临近中午时，草为一首七律《望秋》：“走行尘世似虫沙，倏忽秋来两眼花。学问徒贻骏才笑，钱财莫向土豪夸。当年执业无专注，惫岁焦心乱挖抓。自奉如何遣兹日？半锅排骨煮南瓜。”这也是不作秀的写真。晚岁将至，血气渐衰，起居习惯、饮食爱好等，都开始向老年靠拢了。

如虫沙般走行，是我的命数；在“西京”如虫沙地行走，则是我和西安的缘分。我的事业和我的情爱，我的欣慰与我的恨憾，我的欢愉并我的伤痛，一并镌刻在了与这座城市相关的记忆中，或蒸发在了这座城市的空气里。

我还是那个我，在很多方面；我已经不是那个我了，在另外很多方面。前者，由我的天性所决定，所谓江山易改、本性难移是也。后者，与我的阅历、遭际、交往、职业、年龄等有关，还与我生活在西安这座城市、被它长期熏染有关。

西安是个什么地方呢？死气沉沉的废都？历久弥新的古城？文化积淀深厚的汉唐胜地？西部大开发的桥头堡？正在崛起的国际化大都市？都是，可都不尽是。在我看来，西安是这样一座中国城市：沉稳而不死板，进取而不浮躁，包容而能守正，因此，最适合中老年人尤其是文化圈的中老年人居住。

前年，本地一家媒体举办过一次活动：推选当代西安的形象代言人。被公众先后提名的，有柳青、赵望云、石鲁、刘文西、吴三大、张艺谋、赵季平、陈忠实、贾平凹等文艺家。我坚定地认为，最可代表西安形象者，非陈忠实莫属。社会学概念中，有“标准人”之说。老陈的性情、气质和行走姿态，堪称这个时代的西安的“标准人”。如同假若推选秦腔代言人，到目前为止，除了那个粉丝遍布三秦的任哲中，还能是谁呢？

对西安的眷恋，在我是一以贯之的，并且客居愈久，愈为浓厚甚至炽热。一个爱好，也因此而相对不变——独自在西安的城墙上下散步。世界上现存的古城墙，就数西安的保存得最完好。西安的名胜古迹甚多，都值得阅览。但我觉得，唯有穿走在城墙上下，才可以立体地读解西安。

天气晴和的日子，最好正逢双休，不必约任何人，只带矿泉水一瓶，携旧版书一册，径入文昌门，沿孔庙漫步西行，逛几家字画铺、古玩店，只看不买，一会儿就到了南门里。从瓮城悠然拾级而上，依然自东向西漫步，走走停停，或看看城墙内外的街景人流，或坐下来读几页书，或听某位琴手演奏偶出错音的练习曲，或与满头银发的老者拉些闲话，或驻足棋摊欣赏对弈者的友好争执。谁也不识我，我也不识谁。一两个小时之后，从西门下得城楼，照例去桥梓口吃碗泡馍，再到南院门的古旧书店淘几本书，末了前往德福巷的茶楼，要一壶上好的铁观音，自沏自饮之间，听会儿或专业或业余的秦腔名段演唱，便可以心满意足地回家了。

写到这里，突然想起了川端康成的著名演讲词——《我在美丽的日本》。我想说“我在美丽的西安”吗？不是。固然，西安也不少美丽风致，但属于当代西安的气质，不是古老与素朴，也不是时尚与华丽。是什么呢？是从容。这样的城市气质，行走在城墙上，会很鲜明地感受得到。

我眷恋的，就是这份从容。西安从容，我也努力从容。

执子之手，与子烤火

天，说冷就冷了。上一周，出差去了江苏南京和浙江横店。启程之时，正值节气中的“霜降”。霜降一般在公历10月23日，《二十四节气解》释曰：“气肃而霜降，阴始凝也。”一到这时，黄河流域便开始出现白霜，故名。

果然，从浙江返回，一出咸阳机场，砭肌刺骨的寒气便汹汹而来，第二天就感冒了。昨晚睡觉时，尽管被子换成了厚的，可到后半夜，还是被冻醒了一次。早起掀开窗帘，但见玻璃上笼罩着一层霜雾。推窗近观远眺，更觉天街五十坊，都笼罩在峥嵘氤气中。

漱洗完毕，端坐电脑前，心里空落落的，不知道该干什么，便从书架上抽出《全唐诗》的分册乱翻，入眼第一首，竟是司空曙的《喜外弟卢纶见宿》：“静夜四无邻，荒居旧业贫。雨中黄叶树，灯下白头人。以我独沉久，愧君相见频。平生自有分，况是蔡家亲。”这诗的颔联，措句甚佳，明人谢榛曾在《四溟诗话》中拎它出来，与白居易、韦应物的联语作比。卢纶是司空曙的表弟，秋雨黄昏之时，踏着泥泞来“荒居”看望表兄，还住了一宿。司空曙的喜出望外，表兄弟俩的对床晤谈，都十分立体地展现于字里行间。我的一位表弟，也在西安工作，可经年互不联系，偶尔见一面，还是在酒桌上。

这一刻，突然很牵挂我的亲朋好友们，还有那些我平素仰慕的人们，并莫名其妙地冒出了一个很强烈的念想：想和他们中的任何一位，执手走进一片秋韵如诗的白桦林，在一间小木屋里，围着红红的炉子，享受烤火的惬意。

烤火之于我，是久违了的生活情境。

世人的烤火，虽都是取暖，却有不同的烤法与感受。有类似于扒拉早饭的烤火，如野外劳动者的燃木驱寒，只是为了手足活泛后赶紧做工；也有类似于享用早点的烤火，如北方过春节时，一门长幼坐拥火盆，有一搭没一搭地拉家常，就有亲情抚摸脸颊的惬意；还有类似于品味早茶的烤火，如文朋诗侣的围炉煮茶、饮酒、下棋、对句……那便是雅人深致式的烤火了。

过去，品味早茶般的烤火，很难属于寻常百姓。所谓穷讲究，有是有，因为既太费事，又不免虚荣色彩，故总归不多见。

可是寻常百姓的烤火，也自有底层生存的好感觉。

商洛山区是我的老家，一到秋冬季节，普通人家都得就地取材御寒，方式有二：在炕洞里烧木柴棒子；在火盆里燃烧木炭。木炭是最好的烤火材料，却得掏钱买，价虽不贵，多数农民，如我的外公外婆，也还是买不起。在寒风凛冽的日子，外公和外婆总是坐在炕洞旁烤木柴火，或斜倚在热炕头上说闲话。如果我这时进门，外婆便高兴地说："娃来了，快坐到热炕上，自己剥核桃吃啊。"

我的外公外婆，已经去世三十多年了。我对他们最强烈的思念，不在清明，而在冬至。每到这一天，我就想，他们现在，总能烤上木炭火了吧。

我小的时候，常能见到乞丐。其中的一个，名叫懒娃，是个四十多岁的男人，何以成了乞丐，我不清楚。每隔一两个月，懒娃就会到我们那一带讨要一次。在冬天，懒娃最高兴的事，是在石岩下生一堆火，把讨来的红薯或土豆煨熟了享用。我上高中以后，就再也不曾见过他，据说冻死在什么地方了。因为熟悉懒娃的缘故，我一向不喜欢成语“向火乞儿”——在约定俗成中，它是趋炎附势的同义语。向火的乞儿，就是近火取暖的乞丐，是世界上最可怜的一类人。我觉得，拿他们烤火比喻另一种人、另一回事，实在有失厚道。

关中和陕南的不少地方，是把烤火称作“熁（xié）火”的。我觉得，较诸烤火，熁火一词，美感更为突出——它给予生民的，是衣食忙碌中难得的温馨休闲。

我上小学时，和同伴们相比，家里条件要好一些，至少不曾缺过木炭。所以，从农历十月中旬到放寒假，我能天天提着炭火盆去读书。但到了放学时，炭火早已燃尽，我只好袖着双手，冻饿交加地赶路回家。这时，总有路边硷畔上的农家大爷或大婶召唤：“看把娃娃冻得可怜的，快到屋里熁火来啊。”在低矮的土屋里，我不仅“熁”了火，还往往能享受到一两块烤红薯。

张艺谋导演、巩俐主演的影片《秋菊打官司》中有一幕：李公安到山村调解民事纠纷时，正值大雪天，秋菊公公便热情招呼：“李公安，来屋里熁火啊！”上世纪 90 年代初，我看这部片子，听到“熁火”一词，倍感亲切。

我的《半通斋诗选》里，收了赠给诗人刘辉的一首七律，颈联是：“围炉煮酒三更火，听雨凭轩两对门。”这是不折不扣的实写。那时候，我们两家人都住在西大北校区的老东排，相去百米许，几乎天天有往来。老东排不通暖气，每到严冬，两家都用蜂窝煤采暖。他来我家，我去他家，总是围着炉子烤火、喝酒、闲侃。现在，我们住上了条件算得上不错的房子，可当年的蜂窝煤炉子，总是惹我想念。

中国的涉及“围炉煮酒”情境的诗，当然数白居易的《问刘十九》最为有名了：“绿蚁新醅酒，红泥小火炉。晚来天欲雪，能饮一杯无？”这诗的好，不必在此絮叨了。那刘十九来乐天家烤火了没有呢？不知道，我想是来了的。

外国的呢？我涉猎不广，不敢妄自检点。我读过的英国诗人蓝德的诗中，有一首与烤火有关，却与友人、煮酒无涉，正因如此，更像一幅纯粹的自画像。

I strove with none, for none was worth my strife;
Nature I lov'd, and next to Nature, Art;
I warm'd both hands before the fire of life;
It sinks, and I am ready to depart.

杨绛先生的译文是：

我和谁都不争，和谁争我都不屑；
我爱大自然，其次就是艺术；
我双手烤着生命之火取暖；

火萎了，我也准备走了。

这诗作于作者七十五岁时，其朴素而高贵的气格，不是一般的诗人可以复制得了的。我见过好几位名家的译文，就数杨绛先生的最好，传达出了原作纤尘不染的情怀、境界。

今晨，我想和我的经年难得见上一面的表弟一起烤火，和早已不大写诗了的诗人刘辉一起烤火。我想和我的师傅何丹萌、我的挚友方英文一起烤火，也想和我永远仰望着的文豪杜甫、曹雪芹、托尔斯泰一起烤火。还想和才情不让须眉的蔡琰、李清照、秋瑾一起烤火。——在一片白桦林中的小木屋里。

我们的教室，我们的先生

1981级考入大学的新生入学时，适逢五级同读（1977—1981年）。西北大学用房十分紧张，只好临时增建、改建了一些简易教室。我们中文系八一级上课，就被安置在简易的第六教室。它是三间毫无装饰的平房，屋顶苫着石棉瓦，外墙未涂白石灰，檐角甚多缝隙，屋内没有暖气设备。外面下大雨时，里墙也小有渗漏；外面下大雪时，里面也下小雪；教室旁边是自行车棚，上课的时候，常能听到车棚里的吵嚷声。我当时就想，这哪儿是大学啊，论基本条件，还不如我们中学呢。

但不管怎么说，第六教室既是我们感受、认知西大的开始，也是同学们个性展现的开始。我记得，班上第一次诗歌朗诵会，就在入学两个月后举行于这个教室。我记得，吴天惠先生刚为我们讲授现代汉语时，左手臂挎在绷带里。先生说，刚从宁夏大学调来不久，校内暂无住房，从城内骑车来上班时受了小伤。先生发现男生大多方音很重，便要求大家“无论来自哪里，都要讲普通话”。我记得，老师课堂第一次提问，大家都不敢举手，只有郭建慧落落大方作答，一点也不怯场，声音又格外“嘎嘣脆”；我记得，我们第一次集体联欢，张玫领唱了音乐舞蹈史诗《东方红》中的一首《农友歌》：“霹雳一声震乾坤，打倒土豪做主人。往日穷人矮三寸，如今是顶天立地的人。”嗓音的质感，较原唱者王昆毫不逊色。

入学第一个月，按当时惯例，前两周接受入学教育，后两周接受劳动锻炼。入学教育的一个环节，是请七七级学兄和我们座谈。被邀的王纯、沈宁、陈学超、吴予敏等，年龄都在三十岁上下，各讲的一番“传经送宝”话语，在我们听来都近于父辈般的老成。劳动锻炼的内容，是在正待竣工的紫藤园里开挖土坑、种植观赏树。领着我们干活的花工姓潘，很健谈也很幽默，讲了不少趣闻。潘师介绍植物地域性时，引了“南橘北枳”说，使我不由得暗自思忖，这大学里的人，就是不一样，连普通工人都那么有文化。也是在劳动中，来自周至的丁科民总嫌大家笨手笨脚，就不时讲些揶揄的话，甚至用了很失口德的歇后语：“简直都是景德镇出产的——瓷货嘛。”他并不是说我，却使我极为反感。为了这句话，在第二学期的一天，我专门找了他一次茬儿，我们反倒由此建立起了亲兄弟般的情谊，此后三年半里，基本上天天厮混在一起，一日三餐，从没有分过餐票、碗筷。这在当时学生普遍贫穷的中国大学里，肯定是个奇迹。

第一学期为我们班开课的业师，除了吴天惠先生，还有主授中国当代文学作品选讲的赵俊贤先生，主授写作的陈惠钦先生、李文瑞先生等。俊贤先生天赋“舌辩无碍”，授课纵横捭阖，庄谐并出，屡伸灼见，偶尔也语涉“时议”，不避现今被称作“敏感词”的话语禁区。先生对朱老忠、李铜钟、陈奂生、盘老五等当代文学形象的精微分析，启示我们颇多。有一次谈到新时期作家，先生说："王蒙、高晓声最有可能成为大家。这话不是我说的，而出自秦兆阳先生的文章，我是赞同的。"惠钦老师是海南人，50年代考入北大中文系，毕业后被分配到西大任教。先生"块头"很大，不类人们印象中的海南人。先生说："和前几级相比，你们这个班的同学，年龄普遍偏小，大多肯定没有出过远门。不过这不要紧，年青人嘛，适应环境是什么难事？我刚从海南到北大时，也经常在未名湖边偷偷哭鼻子呢。"这让我们听了特别亲切。文瑞先生衣着讲究，气质优雅，谈吐温婉，音色动听，很像三四十时代的名门闺秀。

第二学期，上课挪到了老南排的第46教室，条件较前略微好些。刚留校的陈学超老师，被系上指定代理我们班主任一个学期。陈老师请才从日本讲学一年回国的张岂之先生为我们做学术讲座。张先生未带讲稿，侃侃而讲了十个问题，清楚得如同一篇定稿论文。谈到儒家文化在国内"水土流失"的命运后，先生感慨地说，"礼失而求诸野"的"野"，也可指境外和海外。例如在日本，学生第一次拜师，要呈送一份"便当"作为见面礼，即是对《论语》"自行束脩以上，吾未尝无诲焉"的践行。张夫人孟昭燕教授讲授中国现代文学作品选讲时，带着发黄的讲义，使同学们误认为先生敷衍我们，可当先生一开讲，就把大家带入了文学经典的气场。先生分析《雷雨》中的繁漪形象，尤其入木三分。稍后知道，先生当年就读北大时，曾经饰演过此角。刘百顺先生讲授古代汉语，解释《诗经·鄘风·柏舟》"髧彼两髦，实维我特"句时，引了古人训释后，又开玩笑地补充道，"髧彼两髦"是什么样子呢？大概就类似于电影《月亮湾的笑声》中贵根的发型吧。先生的幽默，迄今我只见过这一回。

在陈老师之前做过我们班主任的，先后有张常宝老师和薛保勤老师。在陈老师之后做了我们班主任的，则是聂益南老师。张老师很和善可亲，经常来宿舍过问我们“刚来西大，感觉咋样”。薛保勤老师当时还未毕业，带班热情洋溢，很有写诗才华。多年以后，薛老师的长诗《青春的备忘》荣获了“柳青文学奖”，为西安世园会创作的主题曲《送你一个长安》歌词也广为传诵。聂益南老师带我们班整整三年，事事为我们操心。他心肠柔软，从不疾言厉色。有一次来我们宿舍检查卫生，正逢我和褚波等几个同学喝了点酒，褚兄就戏谑地称他“老聂”，他有点“郁闷”，却也没说什么，显示了不一般的涵养。

第三学期的上课地点，改到了北门里的第27阶梯教室。郗政民先生接着刘百顺先生讲授古代汉语，大半学期只讲了一篇《淮阴侯列传》，但给予每字每句都“精耕细作”的梳理，使我们收获相当殷实。郗老师考试别具一格：准备了二十几张纸条，让我们现场随意抽取，两分钟作答了事。邢天骥老师讲授先秦两汉文学，板书相当漂亮，口才也没得说。我们很快知道，邢老师的父亲是一位著名的经济学教授，毕业于日本某知名大学。但邢老师运气不好，没有上过大学本科，1978年直接考了研究生，导师是学富五车而又述而不作的刘持生教授。两年后，邢老师不幸病故。追悼会举行前夕，我们班商量了半晌，决定用杜诗名句“出师未捷身先死，长使英雄泪满襟”作为挽联，书写者是班上的书法家丁科民。

业务班主任张孝评先生讲授的文学概论，是我们四年中收获最大的基础课。本科期间，为我们连续授课一整年的业师，只有吴天惠先生和张孝评先生。张老师在46教室讲前半段，在27教室讲后半段。后来成为名著的《文学概论新编》，即滥觞于张老师为我们授课的讲义。张老师的缜密而又活跃的思维方式，对我们感受、分析文艺现象影响极大。对于进行时态的文学创作，张老师的识力过人。路遥的中篇小说《人生》刚在《收获》发表，张老师就在课堂上说："你们要注意这部作品，我估计它注定会得到读者和专家共同的喜欢，也一定会得全国小说奖。"而此后不久，张老师预言的准确性便得到了证实。

1983年开春，我们的听课环境有了极大的改善——挪到了崭新的6212教室。那几年，培根的一句话很流行："知识就是力量。"我们班的黑板上方，就贴着它作为励志语，由杨继翰同学书写，他是我们班的另一位书法家。位于西门里的6号教学楼，是西大当时最现代的建筑。自那时至毕业，我们班的专用教室没有再变更过。

1983年春天，一首既很贴近时代旋律、又很优美动听的新歌，在我们班流行了很久。那便是《我的中国心》，刚从香港传入内地。给大家教唱的，是时任班长的韩睿同学。由本班另一位书法家刘丰抄写的歌谱，很长时间贴在教室里。《我的中国心》红遍全国，实际上在一年后——因为张明敏在1984年"春晚"上的演唱。

在6212教室，我们聆听了张华先生的鲁迅思想研究。像张先生那样真正既有学问又有思想的教授，在中国大学里并不多见。我受业先生课程的感受，记录在一首五古中："小子出野里，幸与张公亲。醍醐灌我顶，指点别迷津。先生富才学，淹贯非俗伦。著述彰识见，法眼辨诳真。素衣自惜爱，心镜不染尘。故京设绛帐，开坛满座春。传道唯一念，授业无二心。岁岁播慧雨，桃李遍三秦。”我想这样的崇仰，不仅是我个人的，也是我们全班的。多年后，这首诗收在了拙集《半通斋诗选》中，七九级学兄杨乐生见了笑道：“写得直白了些，但很真切、准确。”

继邢天骥先生为我们班讲授中国古代文学史的业师，先后有房日晰、费秉勋、赵俊玠三位，学问都很专精，个性也都鲜明。

房老师的治学和教学，原在现代文学方面。1979 年以后，才转到古代文学领域。为我们班授课时，先生已经发表了不少高质量的学术论文。先生用普通话讲课，但发音不够标准，听来有点喜剧效果。先生上课的表情，总带着些许腼腆；朗诵古典诗歌，无论四五七言，在每联出句的尾字后，总带一个“啊”，如“对酒当歌啊，人生几何”“近乡情更怯啊，不敢问来人”；多数时候不看学生，而盯着教室后墙。我感觉，因为我们大多满脸稚气，不知用功，先生对我们班学风的印象不是太好，但先生心地厚道，从没有正面批评过我们。

关于费老师，拙文《业师费秉勋》有比较具体的摹状：“大学里，两类教师不大受学生欢迎：讲课不生动的，考试难通融的。这两类中，都有他。大学里，两类教师最得到学生敬重：有真才实学的，能特立独行的。这两类中，也都有他……但费秉勋的授课，有‘货’，而且是‘干货’。干货之一，是分析问题的思路很‘解牛’，解决问题的方法很‘打鱼’。这不只是不简单，简直是了不起。那些玩花架子的老师，无论如何也做不到。干货之二，是积累的学术资料卡片极为丰富，他通过对它们的细致读解来梳理文学事相，因而言不虚发，论必有据……至于上费老师的课，会不会听，听了收获多与少，那就得看学生自己的造化了。”

赵俊玠先生为我们讲授文学史的明清段。先生总是坐着讲课，还不时点燃香烟享用；不遇到多音字或冷僻字，决不起身板书。有的章节讲得极细，有的则索性“撂荒”，当然也会叮咛一句“大家自己看书”。到了最重头戏的《红楼梦》部分，干脆“偷懒”，请了薛瑞生教授代讲：“这一章，请教研室的薛老师给你们开讲座，他是红学高手。”实话实说，因为薛老师在中学任过教，那几年又专攻红学，讲析《红楼梦》，确实比赵老师讲《三国演义》等出彩。但我从这件小事中，见出了赵老师的胸襟。赵老师当年留校做助教时，就很得傅庚生先生器重；进修山东大学，冯沅君先生也十分赏识他。但中年以后，极少写文著书，问何故，笑答：“没多大意思。”多年来，每次见到赵老师，我都不免想到一句老戏词：“我本是卧龙岗上散淡的人。”先生的散淡，不是装出来的，而是本色的天然呈现。

在6212教室里先后为我们班授课的，还有郑定宇、刘建勋、张学仁、刘秀兰、曹汾、董丁诚、刘建军等业师。定宇先生授短篇小说创作，要求我们务必用心阅读莫泊桑和契诃夫的选集，并写出读书笔记给他审看；但先生课堂上所举例子，大都取诸1979年、1980年两年的“全国优秀短篇小说奖”获奖作品。建勋先生授中国当代文学史，遣词运句光昌流丽，常有散文诗的美感。学仁先生授西方文论，于从容不迫的叙议中，显出深厚的学术内功。秀兰先生授马列文论，教态和蔼可亲，解读经典极为细致。曹汾先生授东方文学，语气庄正凝重，“判词”下得简练准确，几乎没有一句赘言。丁诚先生授古代文论，讲解深入浅出，义理辨析精到，且时有幽默穿插，活跃了课堂气氛。建军先生授美学，神态不怒自威，表述舒缓自如，不少外系的学生和外校的青年教师也来旁听。

有关石昭贤先生的记忆，永远定格在6212教室。先生出身江南大户人家，20世纪40年代末，以文科头名成绩考入西大。多年后，阎琦教授告诉我，石先生来西大报到时，受到过校长亲自迎接的礼遇。石先生才华横溢，博闻强识，是著名的“西大三子”之一。以先生的禀赋，搞什么学问都不在话下，但正如阎老师所言：“石先生满腹锦绣，可也不怎么做学问。”那时，石先生是外国文学教研室主任，教我们外国文学西方部分的前半段。先生有关希腊神话和罗马神话关系、有关哈姆雷特性格、有关“福斯塔夫式的背景”等等的透彻讲解，我到现在还能复述大半。先生授课带些南方口音，因此常将舌音发成齿音、后鼻音念作前鼻音。如“朱生豪”被先生说出来，就成了“租森豪”。那时候我们每次受课，都会轮值为业师预备暖水瓶和口杯，谁当班谁带自己的。有的老师习惯喝水，但会自带口杯；有的习惯“干讲”，两节课中滴水不沾。于是，讲桌上的水杯，多数时候只是摆设。只有石先生例外：不在乎学生带的杯子是否干净，每节课至少要饮去一两杯，似乎不如此便对不住学生的恭敬。一学期下来，先生用过了我们所有人的口杯。先生讲到高兴处，便会开怀朗笑，透着一派天真烂漫之气。我活到现在，从未见到过哪位大学教师，能如石先生在课堂上那样既高频率又真爽快地“笑讲”。

为我们的授课，成了石先生的“绝讲”。不久后，先生就突发脑血管病去世了。90年代的一天，我在6212教室监考外国文学，突然想到石先生的音容笑貌，不由得潸然泪下，难以自已。也是在90年代，我第一次听到电视剧《三国演义》片尾曲："暗淡了刀光剑影，远去了鼓角争鸣，眼前飞扬着一个个鲜活的面容……岁月啊，你带不走那一串串熟悉的姓名……变幻了时空，聚散皆是缘啊，离合总关情啊，担当生前事啊，何计身后评！"也不由得潸然泪下，只是想到的，不是"鼓角争鸣"时代的英雄们，而是我们的石先生和其他作古了的先生们：傅庚生、刘持生、郝御风、宋汉濯、单演义、吴天惠、蒋树铭、蒙万夫、李文瑞……

看楼的乡党

这个单位的家属新区，原来并没有看楼人。有固定值班的门卫，有流动巡逻的保安，按说治安是有保障的。但没过一两年，不安全的事情就接连发生了。有的住户后半夜被盗，有的老人大白天被骗，还发生过失恋女生从二十五层楼跳下的悲剧。

管理者很头疼，于是想了不少亡羊补牢之法，其中之一是为每幢楼配备了两个看楼人，其中多半是夫妻，又大多从乡下来。月工资开始时是七百元，后来增加到了九百多。

我一家住在小区的 11 号楼，看楼的夫妻五十岁左右。丈夫不修边幅：衣扣常常只系一半，平日里靸一双布鞋，鞋面上灰垢斑驳；有时进门打招呼，可以看见他牙缝间的米粒；劣质烟卷很少离口，显然烟瘾很大。妻子就讲究多了，衣服质地虽差，但穿得干净得体，头发也梳得有型。

这对夫妇上班的第二天，就和我认了老乡。他们讲不了普通话，连西安话也说不了。而我对各地方言，一向比较敏感。听他们对话间的一两个语词，便不仅知道来自我的老家商州，还能判断出居住在北乡的大荆、板桥一带。此后碰了面，彼此总以“乡党”相称，感觉很亲切温暖。

男乡党有一个本事，简直让我佩服至极：上班不过一个来月，便准确记住了全楼所有住户的姓名、楼层、门号、人口，甚至户长供职的具体部门。要知道这幢楼有二十五层，每层居民六家，每家平均三口成员。要是我，认全记全这些，至少得一年半呢。

男乡党的表情，永远是笑眯眯的。住户下班回来，他笑眯眯地问候：“某某老师，我给你开门。”开门是有电子卡的，住户都随身带着，只需要感应一下电子门屏。但不少人回来时，都拎着书籍、菜蔬、水果之类物品，自己开门，得放下东西才能腾出手来。所以，男乡党的代开楼门，就传递了热心和友善。生人来了，他笑眯眯地询问：“哎，同志，你寻谁呀？”从不称对方“先生”或“女士”，而商州人说寻找，大多用“寻”而不用“找”。对方说：“我找某某。”他回答十分明确：“在哩，刚回去一会会儿。”或是：“这会儿没在家，早上就出门了。”

我夸他：“乡党哥，你真厉害呀，记性又好，又负责任。”他说：“好刘老师哩，咱有这份儿事干，不容易，咋敢马虎哩？要是出了差错，人家笑咱是个二混堂子不说，饭碗也会没了哩。”商州人说话，句尾的语气助词，永远是“哩”而不是“呢”。

近几年，我习惯网上购书。有时购成套成批的，网递员送来一大堆放在楼下。男乡党见状，不仅会帮着往电梯里挪，还会随我上楼，帮着一件件地往家里搬。见我家里差不多书满为患，颇为惊讶：“呀呀，这么多，得花多少钱哩？咋放得下哩？咋看得完哩？”我说：“这就是我的农具和粮食嘛。”我回报他的，有时是一两包好烟，有时是一两袋小杂粮，更多的是清理出户的废旧纸箱书报。

乡党夫妻自己做饭吃，不去家属区对面的学生餐厅。尽管学生餐厅的饭菜价格，比外面饭馆的便宜许多，他们还是吃不起。起灶的地方，是小区西北角的一间极小的棚屋，屋顶苫着石棉瓦。夏天做饭，如同蒸桑拿；到了冬天，就是钻冰窖了。

和大多数陕西农妇一样，乡党的妻子擀得一手好面条。我吃过一次她擀好送来的“韭叶”，的确称得上“薄、筋、光”。可惜那间棚屋的操作案板，只是一块搁在砖头上的三合板，所以她的精湛手艺，无法充分施展。男乡党对我叹道：“刘老师，你还记得咱那儿的老话嘛——男人要的桑木担，婆娘要的梨木案。现在呀，我天天没啥耍，她天天耍不开。”

每到周六和周日，这看楼一家人，就由两口增加到了四口——乡党夫妻的一双上学的儿女回来了。儿子和女儿年龄接近，儿子读中专，女儿读大专。两个孩子看上去都很聪明，但穿着和言谈，已毫无稼娃气而完全都市化了。不了解情况的人，不大看得出孩子和父母的关系。我说：“乡党哥，你有福呀。老一辈常说，一儿一女活神仙哩。”男乡党说：“那也是老话了，而今这神仙，可是不好当哩。两个娃上学，一人一年至少得花一万五。我是挣死挣活地供他们哩。”他有点伤感，我也有点伤感，就都闷头抽烟。过了会儿，我说：“你要是太紧巴，我借些钱给你。多的没有，少的有哩。”他十分感动：“咱们不沾亲带故，你有这份好心，我就领情了。没来西安的时候，我两口靠着搞副业，给娃攒了些钱。现在来这里看楼，月月都有点工资，抽空再捡些废品卖，还能撑得住。”

转眼两年过去了。有一天我上课回来，见男乡党胳膊吊在绷带里，头上缠了纱布，蔫蔫地蹲在楼门口发呆，嘴里不见了劣质烟卷。他的妻子坐在值班室里，手臂肿大，眼睛也哭得红肿。我骇然地问怎么回事，男乡党勉强笑了笑，胡子拉碴的脸，笑得很歪曲。他说："没法说，没法说。说了乡党笑话。你快回家吧，你娃和他妈早在家了，等着你吃饭哩。"

回到家，妻子对我说，邻居告诉她，我的乡党夫妻和女保洁员打架了，事情起因于一件废品。我们楼上的一家住户，将一件老旧净水器放到了楼道。很久以来，按照约定俗成，凡是放置于楼道的废品，都是主家自愿扔掉的，保洁员可以捡拾卖掉，看楼人也可以捡拾卖掉。这天下午，女保洁员照例打扫卫生时，先发现了那件净水器，就放它到三层的公共阳台上，然后继续逐层拖地。看楼乡党的妻子见到它，以为是这层的住户放置的，遂拎去放在楼口。保洁员干完活，不见了净水器，想着是看楼夫妻拿走了，一找果然如此。这件净水器当废品卖，至少值十多元。保洁员说是她的，看楼夫妻不认可，便发生了口角，以至于厮打起来。保洁员怕自己身单力孤吃亏，就抡起拖把先打倒、后大败了对方两口。结果便是我看到的情景。

那位女保洁员，来自蓝田乡下，也是我的熟人了，平时待人挺和善，说话细声细气，干活称得上既麻利又认真。

我为这件事感到难过，没有心思吃饭。我知道这次打架，对当事者不是小事。虽然看楼人和保洁员干的都是粗活，待遇菲薄，可是在小区内外，还有很多等着替补的人。我想下楼去安慰，劝和说服冲突的双方，却被妻子劝止了："人都有脸面，你最好装个什么也不知道。"

几天以后，看了两年楼的乡党夫妻，被物业辞掉了；说话细声细气的保洁员，也被物业辞掉了。

又过了一周，新的看楼人上岗了，还是一对夫妻，来自乾县乡下。

乡党夫妻离开小区的时候，没有跟我道别。我知道他们的姓氏，却不知道他们的名字，也没有他们的联系方式。事实上，他们的孩子有手机，但他们没有。我无法打听到他们去了哪里，只能默默地祝福这一家人平安。

道之所存，师之所存

周四晚上，接到渭南师院中文系的王晓红老师电话，说次日要来西安，专程看望贾三强教授和我。晓红曾是西大中文系学生，读本科的 1989 年至 1993 年，我做过他们班的业务班主任。前几年，她又在职随贾三强老师读硕并取得学位。

近两年没有和晓红见面了，她要来看我，我当然高兴。不巧的是，我现在供职的学报编辑部，已安排周五外出参观，直到晚上才能返回。我告诉晓红，很遗憾这次不能见面。晓红说，她和贾老师已经约好，还为我们各备了一份土特产。既然这样，就去贾老师家。给我的那份，放在我家楼下好了。

第二天早上，我取回了晓红送来的礼物，有渭南出产的石榴、苹果和“蛋蛋饼”，还有一条“芙蓉王”香烟。让我特别高兴的是，见到了晓红随附的一封信。

兹引晓红信中的部分文字：

前几天联系贾老师，知道贾老师的脚受伤了。又有许久没有问候您和师母，遂有西大之行的想法。离开学校这么多年，西大的那些可亲可敬的老师们，常常让我感念不已。好多次梦中，坐在阶梯教室里，听刘老师讲《诗经》，听贾老师品《三国》，听任广田老师谈现当代小说……一切如在昨日。每每谈起，总不免感慨半天。女儿往往在此时不失时机地点评：“妈妈，你这是怀旧情结。”是的，无论我身处何方，西大永远是我心灵的家园；无论岁月如何改变，西大总有我心中牵挂的恩师们。

呵呵，说得好像有点抒情，然绝不是矫情。刘老师见笑了。好长时间没见老师了，也不知带些什么合适……我母亲七十五岁了，您见过的。这多年来一提到您，总是念叨：好人呐，大好人呐。人家刘老师多有学问，又没架子，一点也没嫌弃咱农村来的。并一再叮嘱我：你可不敢忘了刘老师！知道我要去西大，母亲特意带了一些蛋蛋饼，让我带给您和师母尝尝……

我的一切都还安顺……上课，写论文，干家务……日子平淡而祥和，恰是我心中期冀的，挣不了大钱，干不了大事，那就享受现在的生活乐趣，也是一种不错的选择。老师不会批评我胸无大志吧？……几年都不写信了，今天见不着老师，匆匆忙忙划拉几笔，聊叙心意。老师什么时候来渭南，一定言语一声啊！

这封信在我们家传阅，感动了我，也感动了我的妻儿。

我感动什么呢？首先感动晓红大学毕业已经十九年了，还总是感谢我当年对她的一点帮助。晓红上大学时，身体比较孱弱，有时闹病晕倒，我立马放下手头事，和辅导员、班干部或宿舍同学送她去医院。偶尔和她谈话，尽量多些鼓励。仅此而已，可说只是做了老师分内的事，她却一直不忘。我也给他们班讲授过先秦两汉文学，说来很惭愧，那时刚上讲台，学问根基太浅，课堂上要点儿小聪明可以，实在不能道出多少真知。晓红母亲说“人家刘老师多有学问”云云，并非事实。

晓红是一名顽强上进的女生，留给我的印象很深。她曾休学过一月多，但回校不久，就把落下的课都补了上来，四年间学习成绩一直很好。她那时的精神状态，对我也有正面的感染。

晓红毕业分配到渭南师院从教的这些年，曾多次来母校看望我，我也去过他们家。这是一种朴素而美好的往来，慰藉着彼此的心情。我不止一次说过，尽管世道变得越来越坏，但民间的道德伦常并没有变味。晓红等毕业生和我的师生情分，便是明证。

其次的更大的一份感动，则是晓红对母校、对中文系业师们的感恩。信中提到的任广田、贾三强两位先生，皆是身心修洁正派、传道授业一丝不苟、深受学生敬爱的教授。这样的先生，在西大中文系还有很多。大学之于学生，是奠定他们进入社会的先人格结构之所，而老师们的言传身教，往往较书本的影响力更为重要。能得到众多好老师的熏炙，是做学生的幸运。做西大中文系的学生，便是我的幸运，也是晓红的幸运。晓红说：“无论我身处何方，西大永远是我心灵的家园；无论岁月如何改变，西大总有我心中牵挂的恩师们。”这样带着精神温度的文字，是出于由衷感受的。

就在今天下午，我在自己的博客上见到了我的老师费秉勋教授留在拙文《马先生传赞》后的评论：

> 马老师（刘按：马天祥先生）去世，我是今天读炜评博客才知道的。西大中文系的老先生，马老师是最后一个。马师一亡，中文系民国韵味的文采风流从此净尽，心里十分难受。回忆起来，我是非常幸运的。我（一九）六〇年上西大。（一九）五七年“反右”，（一九）五八年“大跃进”，（一九）五九年“拔白旗”。这一时期，老先生都被迫下了讲台。（一九）六〇年经济一困难，政治得以松弛，老先生全被请出来了。刘持生先生的中国文学史、古代作品选，傅庚生先生的古代文论，杨春霖先生的音韵学，马天祥先生的古汉语，张志明先生的文字学，都全给我们班开了。我的学问是这些先生给的，我的人格是那时的中文系塑造成的。我永远感恩这些老师，永远怀念他们。在此忆起马老师的一件小事，一想起来就觉得他的天真可爱。有一年春节前聚餐，马老师喝高了，我们送他到新村，过了一号楼，他坐到花坛上怎么也不肯回家，迁延了二十多分钟，被我们硬拉回去。后来才知道，他是怕夫人责备。

费老师这段话，尤其是“我的学问是这些先生给的，我的人格是那时的中文系塑造成的。 我永远感恩这些老师，永远怀念他们”，又一次感动了我，并立刻想到了韩昌黎的名言：“道之所存，师之所存也。”

费老师提到的那些先师，都不曾给我上过课，有的连面也不曾见过，但他们的“道”——精神的自守、学问的自重，上承于民国的先生们，下传于费老师那一代学子，费老师们又传给了我们。我等虽德薄才寡，但自觉还能传授大半给晓红他们。我不反对个人和群体的“与时俱进”，但同时很看重“天不变，道亦不变”。近十年来，西大文学院以“德能并重，守正创新”作为院训，窃以为是对师生极好的提醒和勖勉。所谓“守正”，就是守住大学师生任何情况下都不能丢失的人格正道和学问正道。今年校庆期间，有位回校的同窗对我言道：“在这个时代，‘守正’太重要了。院里这个提法，是有潜台词的。”我说：“你算说对了。”

买书最忆少年时

——我和柳青的《创业史》

2016 年 5 月 15 日，我参加“柳青与中国当代现实主义文学学术研讨会”，感慨良多。 柳青是我国当代最有名的小说家之一，迄今去世三十八年了，读者们一直尊敬和缅怀着他。 7 月 2 日，将是柳青百年诞辰纪念日。 最近一两个月，全国各地正在以各种方式举办纪念活动。 在我看来，柳青是个文学创作实绩不凡的作家，过去影响广泛，今后还会有一定的影响。

为了会上发言不流于浮泛，昨天做了尽可能扎实的准备。于是，多年间自购保存的柳青著作，都摆到了书桌上，主要有以下几种：人民文学出版社 1976 年 2 月重印的《铜墙铁壁》，定价 0. 49 元；中国青年出版社 1982 年 1 月再版的《创业史》第一部，定价 1. 35 元；陕西人民出版社 1977 年 9 月初版的《创业史》第二部上卷，定价 0. 38 元；陕西人民出版社 1979 年初版的《创业史》第二部下卷，定价 0. 43 元；人民文学出版社 2005 年 5 月初版的四卷本《柳青文集》，定价 148 元。

上世纪七八十年代，图书定价很低，1983 年以前尤低。 我记得那时西北大学的外教曾说过："你们中国的书，是世界上最便宜的。"现在当然不一样了，有些书在国内买，还不如让人从国外代购来得实惠。

我过去买了书回来，即在扉页上写上自己名字，注明购买日期和地点。四十岁以后，想到这些书，将来用不着了，有可能送人或捐出去，写上名字不好，何况自己字丑，便终止了这个习惯。单行本三册《创业史》，分别购买于 1982 年 9 月和 1983 年 1 月，地点都是西安钟楼新华书店。三十四年过去了，看到它们倍感亲切，更勾起了很多悲欣掺和的记忆。

十七岁上大学之前，我没有走出过商洛山区。小学和初中，趴在油漆斑驳的简易课桌上学习，夜晚伴着昏暗的煤油灯度过。除了课本和文件，能见到的印刷品，主要是糊在自家墙上和别人家墙上的报纸了。直到上了高中，才见过学校里的图书室和街道上的图书馆。自打识字以后，我便酷爱读书，但总是无书可读，常年被阅读饥渴症折磨着。和多数同学的家境相比，我家景况不算差，但父母还是省不下钱给我买书，哪怕一年一本也办不到。

我至今清清楚楚地记得，1977 年腊月，母亲带着我去洛南县马河公社置办几样必备的年货，我看到供销店货柜上摆着曲波的长篇小说新作《山呼海啸》，一下子就被吸引住了，缠着要母亲给我买下。母亲很为难地说："这书是上下册，定价两块三，快要顶二斤半猪肉钱哩，咱咋能买得起？"我说："你给我买下，我保证过年不向你要肉吃。"这话让母亲难过了，泪水在眼眶里直打转，很不好意思地对售货员说："你看这，叫你笑话哩。"犹豫了一会儿，母亲还是硬下心拽我回家了。我那时不懂事，心里记恨母亲吝啬，好几天不和她说话。过了正月，母亲手头稍宽，还是给我把这部书买了回来。

虽然如此，从小学四年级起，我还是争取到了越来越多的文学阅读，因为总有一些作品在乡间的干部、教师、知青手里辗转着，一旦见得到，我就缠着人家给我几天时间看完。那些书被人们翻阅的次数太多了，以至于几无“足本”——总有几页到几十页不等的残缺。

我最早阅读的当代长篇小说，依次是克非的《春潮急》（1974 年版）、李云德的《沸腾的群山》（1965 年版）、浩然的《艳阳天》（1964 年至 1966 年版）、柳青的《创业史》第一部（1960 年版）、罗广斌和杨益言合著的《红岩》（1961 年版）、曲波的《林海雪原》（1957 年版）。前三部书，70 年代一版再版。后三部则不同，它们当时正跟着作者倒霉，被禁止发行和借阅，因此我阅读它们时，被父母一再告诫“背地里看，不要出去说”。

我那时毕竟还是“碎娃”，对于这几部长篇，喜好程度大不同。看得最兴味盎然的是《林海雪原》，因为它故事跌宕，情节热闹；最不感兴趣的是《创业史》，因为它写了些平平常常的农村生活世相，攫不住少年的心。

但从读高中开始，我就慢慢知道，《创业史》的艺术水准，是超过了那几部书的。读了大学中文系，修了文学概论、中国当代文学史等课程，认识更进一层，明白了它的质地究竟好在哪里，在当代文学坐标上的重要地位何在，内容和形式还有哪些不足。叙事性文学作品创作尤其小说创作，主要拼的是典型形象的塑造。《创业史》里的梁生宝、梁三老汉、郭振山、郭世富、姚士杰等，都称得上典型人物。因为这部出手不凡的长篇，柳青成为新中国文坛上的大家，在当代陕西文学界，更是教父级人物。获得这样的认知，既要感谢当时使用的教材和新面世的研究著述，更要感谢培养我们作品读解能力的老师们。

我自己舍得花钱买书，是从大二开始的。本科四年，我享受着国家每月发放的19.5元助学金，不仅吃饭不成问题，月底还略有节余。父母为我考上大学高兴，又不想让我因为手头紧巴而在同学们面前自卑，就每月硬挤出15元生活费贴补我。这样一来，我感觉自己已经很阔绰了。买自己喜欢的书，是我日常生活开支以外的主要花销。

80年代的书店，卖书是不打折的，但这有什么关系呢？购齐三本《创业史》，合计才2.16元，比起我后来买的列夫·托尔斯泰四卷本《战争与和平》、格奥尔格·勃兰兑斯六卷本《十九世纪文学主流》、张英伦主编十卷本“外国中篇小说丛刊”等，实在是太便宜了。

在此之前，我已经购买了1980年3月出版的《柳青小说散文选》，由陕西人民出版社印行，定价0.67元。依稀记得，收入书中的第一篇作品是《待车》。我认真阅读柳青的书，就是从这一篇开始的。接触柳青最早的长篇小说《种谷记》，时间却最晚，要到新世纪之初了。

现今物流发达，柳青著作的各种版本，在旧书网上都可以淘到，价格因品相优劣而不同。如《柳青小说散文选》，有卖10元的，有卖30元的。我不是有钱人，买书以实用为第一考虑，所以不甚重视版本质地差别。

柳青个头不高，形容刚强，目光睿智。每看他的照片，就想起李白自道“虽长不满七尺，而心雄万夫”的话。柳青是心气高迈、追求雄大的人，可惜人强命不强，晚岁不能逃局十年“文革”，宏愿一再搁浅，身体也垮了下来。“胜利的十月”以后，日子好过了，却一病不起，六十二岁辞世，与李白寿数相同。《创业史》的四部创作计划，只完成了一半，这是永远的遗憾。但辉光熠熠的半成品《创业史》，早已为柳青赢得了生前身后名。而他的文学经验和文学精神，泽被后来人甚多。路遥、陈忠实、贾平凹等的创作成就获致，都和柳青的沾溉有着直接关系。当然，这些作家一因赶上了社会环境较以往宽松得多的“新时期”，文化视野日益开阔，创作自由较少受到局限，二因既用力继承柳青的长项，又用力弥补柳青的短板，所以各自的文学生涯，比柳青更有活色。

不管怎么说，作为作家的柳青是了不起的，无愧于中国当代长篇小说大家、陕西当代现实主义文学主要奠基人的赞誉。

青春最美紫藤园

——为西大中文八八纪念册而作

1989年秋，我第一次正式登上本校讲台，为中文系八八级本科生讲解中国古代文学史课程。在此之前有过一点教学经历，是为社会上的成人自考生辅导古代汉语和历代文学作品选，算是做专业教师的预习，但教学基本功，还远没有打扎实。

对于中国古代文学，我是满心热爱的。二十五岁上从辅导员岗位转行做教师，是我自己争取来的，教书的热情自是十分高涨。但因为没有读过研究生，学问尚瘠薄，阅历又还浅，见识也就不免鄙陋，因此上课无论怎样卖力，并不能给同学们道出多少“干货”来。我后来多次提起，八八级的古代文学史课堂，不幸地成了我初次教书的试验田；而八八级中文系的风华正茂的同学们，也就不幸地做了我胡言乱语的听众，想来深感对不起大家。这不是谦虚，是实话。后来教学能力有所提高，可八八级中文系的同学们毕业了，我再也没有机会弥补对大家的亏欠了。

但八八级中文系五十多个同学，实在对我宽容得很，整整一个学期，都认认真真地听我唠叨。我那时毕竟年青，既“心雄万夫”，又难免有些虚荣心，讲课故意不带讲稿，语速又比较快，且用陕西话表达，还喜欢搞点幽默，都是近于花拳绣腿的做派。但同学们没有介意，还屡屡报以称赞，给了我极大信心。一些来自外省的同学，克服语音障碍，听课笔记做得详细而明晰。一年之后，我给八九级中文系上同一门课，柳咏梅等同学的笔记，反过来成了我补充教案的参考。每当我讲到动情处，大家也跟着激动，课堂气氛十分活跃。我那时还比较“二杆子”，说过不少今天被称作“敏感词”的话，却从未被谁举报过。遇到问题解答不了，大家也不哂笑……

那些年头，我住在老图书馆旁边的干一楼，距学生宿舍很近。每到周末，总有中文系八八级、八九级的女同学到我家帮着看孩子。来自东北的刘丽波同学，因为和我同姓，就戏称是我儿子的“老姑”。男同学找我来“谝闲传”，更是隔三岔五的事。可怜我那间陋室，面积还不到十二平方米。隔壁的两位女老师晚上回城住，就好心地给我了钥匙，让我借她们的地方备课。我却起了贪心，不仅在此看书写作，还常与“性相近”的男生们，加上作家班的刘辉、刘浏、汪凯等老哥儿们，在此或“纵论天下事”，或研讨“文艺新思潮”，或抽便宜烟、喝低档酒、吹牛皮，间或还“四季发财五魁首”地划拳……

1992 年 5 月，因了教学实习机会，我和边学锋老师带着八八级中文系的同学们有过一次陕北之行。我们同谒黄帝陵，同走延河畔，同往枣园和杨家岭参观，同吃羊杂碎和豌豆面……我即兴瞎编清唱的革命歌曲，被杨建国同学点评为“伪红歌”，我笑着认了他的判决，他却又缠着我教他唱到熟练。在陕北籍的苏延莉同学家里，我们第一次感受了城市边上的“经典窑洞”，品尝了苏家的好吃货。师生们在宝塔山上身着红军战士服的合影，至今还珍藏在我的影集里。

正是在那四年的相处中，我和八八级中文系的许多同学建立了深厚的师生情，并且历久弥深。每过一两年，我就能在王革等同学的邀约之下与部分同学餐叙，隔座送钩春酒暖，何曾情愫减当年？留校的高字民同学，为人严谨治学踏实，让我十分欣赏。他后来调回文学院做了我的同事，偶尔从他那里知道一些同学的“好事”，总会令我由衷地欣喜。

1988 年考入大学的人，当时平均年龄大约十九岁。算起来，同学们现在也快到知天命之年了。人来到世界上，风雨兼程摸爬滚打，颇多欢愉，亦颇多苦恼，甚至“不如意事常八九，可与人言无二三”。但不管怎么说，属于自己的精神立场和走行方式，总是可以选择和把握的，尤其到了中年以后。我相信八八级中文系的同学们，都已早有了“吾道一以贯之”的自信和自为。我更期望同学们的生活和工作，既是充实的，又是轻松的。

西北大学不仅是我们文化人格的奠基之地，更是我们永远的精神家园。作为“守庙人”之一，我时刻欢迎同学们回母校来追昔话今。我现在不仅房子大了，家里也有好烟、好茶、好酒了，期待大家就便莅临敝舍，宾主“添酒回灯重开宴”。我这辈子最心悦的事，就是“莫放春秋佳日去，最难风雨故人来”！

干一楼纪事

这是一栋典型的小型筒子楼，位于西北大学老校区，修建于20世纪50年代，模样为“穿西服戴瓜皮帽”式，时代印记甚是明显。人们叫它干一楼，是“干部一号楼”的简称。它只有三层，每层二十间房子，两头的面积稍大些，其余的都是十一平方米稍多。楼道本来就很窄，又被锅灶、案板、蜂窝煤等占去少半空间。估计从建成以来，楼内墙壁就从未再粉刷过。公用顶灯的外罩布满了灰尘，灯泡一旦坏了，很难得到及时更换。在全西大校园里，再也找不出如此小气而破旧的楼房了。

五六十年代，干一楼或许只用为干部单身宿舍。我住进去时，满楼的“七十二家房客”，早已杂括了各色人等。但最多的蜗居者，还是研究生毕业后留校或分配来的青年教师，其中半数成家未久。

这些“八十年代新一辈”大多出身于社会底层，在就业的初级阶段，自然无权无势无钱无财，但又“所挟持者甚大，而其志甚远也”，所以，干一楼只是他们青春时代的驿站之一。名人高晓松的精彩句子“生活不只是眼前的苟且，还有诗和远方”，如今广为流传。我第一次读到它时立刻联想到的，正是当年干一楼的那些处卑近而致高远的俊彦们。

上一周日，我到干一楼附近溜达，拍了很多不同角度的照片。五六年前，学校将它改造成了女博士生宿舍，整座楼的风格，颇有几分民国范儿。我想进楼看看，被值班的大嫂拦住了："抱歉，男士止步。"我说："我一家人在这里住了十来年呢，能否行个方便？几分钟就出来。"她理解地说："那能成，能成。"于是，又在我的"老屋"前驻足了片刻，但没好意思打扰屋子里的年青人。

从楼道朝外走，我仿佛又嗅到了好闻的饭菜味和不好闻的尿骚味。回办公室的路上，许许多多的当年人和当年事，老电影般浮现于心头。

计算机系教师、商州人任金强在这栋楼上住过。我们是不远不近的乡党——他的老家在北乡的大荆，离我老家北宽坪七八十里。我到县中上高中的 1979 年，金强从大荆区中学考入西大。当年我们县各区中学的高考录取人数，只是县中的零头，能从区中考入重点大学的乡里娃，聪明好学绝对是超一流的。金强夫妇似乎另有住处，所以不常在干一楼居住。有一次在楼口邂逅，他问我："上个月西安的商洛籍名人聚会，你没去？"我说："接到了通知，但我没名气，所以没敢去。"金强笑道："恐怕没有邀请你吧，出席的人是有档次的。"我于是知道，他内心有着韩信般的自负，我在他眼里连樊哙都不如。不过我那时的涵养已经说得过去，也就不和他较真我确实被邀请了。大概就在这一年，金强去了北京读博，毕业后没有再回西大。他而今是国家信息中心的专家，我在网络上拜读过他的有关信息安全的专题报告。

外语系教师、安康人贾文山在这栋楼上住过。文山是我的中学同学的大学同学，从西安外国语学院分配来西大任教。他的学音乐的妻子漂亮而文静，优雅的气质和干一楼的灰头土脸很不搭调。文山穿着讲究，谈吐不俗。夏天黄昏时，我在楼前铺一张席子，与刘辉等“伙计”围坐聊天，文山如果经过，会和我们唠嗑一会儿，但总是站着而绝不肯“坐席”。我的学妹和同事边学锋，曾在文山夫妇隔壁住过一段日子。边学锋有一天说：“贾文山真好面子，下了课上街买菜，不敢拎着进校园，塞在皮包里带回来。”我说：“那是因为他精神上‘生活在别处’。等着瞧吧，他不会在这里待多久的。”一年多后，文山夫妇果然去了美国。又过了四五年，边学锋也定居了欧洲。去年某日，我从微信上看到了文山回西大讲学的海报，讲题下列着一大串头衔：美国麻省大学传播学博士、美国杰普曼大学传播系终身教授、中国人民大学新闻学院教授、中国国家千人计划入选专家、国际跨文化研究院院士兼董事、中国跨文化交际学会常务理事，等等。

数学系教师、汉中人巩馥洲在这栋楼上住过。馥洲住的房子，就在我家斜对面，是干一楼条件最差的一间：东墙紧贴公厕，常年潮得发毛。也因为家在这个糟糕位置，馥洲夫妇无法起火做饭。馥洲的夫人温婉贤惠，但有一天傍晚，实在忍受不了窝心的起居，突然情绪失控地和丈夫大吵起来，甚至搬起楼道地上的砖块扔向馥洲。我闻声出来劝架，馥洲尴尬地笑着说：“刘老师，你看这，这……”1992年，馥洲读博去了北京，我再也没有见过他，但知道他的学问做得非同寻常的大，先后获得过

“钟家庆数学奖”和“陈省身数学奖”等等，曾任中国数学会第九届理事会秘书长、第十届副理事长，现为中科院数学与系统科学院副院长。

地质系教师、山阳人张宏福在这栋楼上住过。宏福和我同年考进西北大学，他读理科，我读文科。他的老家在秦楚毗连的漫川，一个比我的家乡北宽坪还要偏僻得多的地方。上世纪60年代，家父大学毕业后，便被分配到那里教书近十年。以此故，我对漫川多少有些印象。

宏福本科毕业后去北京读硕，1988年回到西大任教，安家于干一楼一层东头。我那时不认识他，却和他的母亲拉过话。老人家的地道“下湖”口音，让我听来一下子回到了童年时待过的漫川小镇。1995年，宏福前往英国伦敦大学读博，三年学成回国，效力于中科院地质与地球物理研究所，2010年后受聘担任西大大陆动力学国家重点实验室常务副主任，2017年11月当选中科院院士。宏福是国家级有突出贡献专家、国家杰出青年科学基金获得者、国家自然科学奖一等奖和二等奖获得者……称他为西大1981级同学中的学术翘楚，说他是漫川、山阳、商洛的骄傲，都不过誉。

宏福当选院士数月后，我和学报编辑部的两位同事去拜访他。谈完了正事，话题引到几十年前：商洛读中学时差不多的饥饿经历、高考后填报专业志愿时的懵懂、大一聆听王耀东教授讲说体育文化时的似懂非懂……干一楼的苦乐年华，当然是绕不过去的。我感慨道：“你当年去英国留学，我在干一楼得过且过。年复一年，你走向了世界，我还没有走出陕西呢。”宏福说：“我回来又走出去，与机会有关，但更直接的原因，是干一楼条件太差，感觉实在没法居住了。”我又笑道：“我曾用‘楼旧屋小，龙藏凤栖’形容干一楼，也还算准确。‘穷则变，变则通，通则久’，当年的干一楼人，大多是践行这古训的楷模，你则是名副其实的‘龙一号’。”宏福连连摆手：“岂敢！岂敢！”

确乎如此，干一楼的龙和凤的故事，是可以写一两本书的。张晓鹏、仝松林、王居里、柏一林、水恒勇、刘丽青、刘慧霞……各有各的“潜渊”姿态，各有各的“冲天”方式。

但住在我家正对面的合阳人刘芳君（化名）的短暂人生，让我不忍叙说。芳君1980年考入西大，本硕连读计算机数学专业，是学霸一类才女。可是读到研三，突然得了鼻咽癌，学业不能继续了。校系领导和老师同学们，给了她尽可能多的关爱。芳君得到房产科特殊照顾，一个人住进干一楼105室。放疗、化疗、练气功、做瑜伽，效果都很不错。我有了孩子后，日子既欢乐又狼狈，但我从芳君的眼神里，常常读出了由衷的羡慕。我妻子曾说：“刘芳君人真好，生得也很端庄，属于耐看型女人。老天爷该发善心，让她病快点儿好。”我的感受和期望，和妻子是一样的。大约三年后，芳君在切磋气功的群体里谈了对象——一位在兴平上班的憨厚大哥。他们成家时没有举行婚礼，但给左邻右舍送了喜糖。受难日子里获得的爱情，让这个不幸的才女脸上焕发着喜悦和自信。然而，当我们都觉得芳君已经痊愈了时，有一天，她突然敲开我家门，声音颤抖地说：“我不好了，请你赶紧给他打电话，这是号码。”我惊愕地看到，她头发散乱，满脸泪水……我和妻子最后见到芳君，是在医院的病室里，她已经完全不能说话，仰躺着动弹不得，油黑的头发从床头垂落到地板上。她爱人告诉我们，从入院起，芳君就拒绝接受放疗、化疗，她对他说：“我是好不了的，头发好不容易长到这么好，就让它们伴随我走吧。”芳君病逝时，大约二十九岁。

现在该说说我这个庸人的干一楼岁月了。从 1986 年 9 月到 1999 年 5 月，我居此足足十三年，其间的滋味，颠倒一下归有光《项脊轩志》里的两句话，便是“多可悲，亦多可喜”。当然，我虽平庸卑俗，心里也有属于自己的诗和远方。

大学毕业留校工作第二年，我搬进了干一楼 106 室。一年半后结婚，搬不出去；两年半后生子，还是搬不出去。恓惶的光景年复一年，直到住大房子的念想生了锈，也便真的“安安的”了。小偷造访过我家，只是找不到钱和值钱的东西。老鼠不仅在我家住过，还在我床下的棉皮鞋里生过鼠崽。我家离公厕和水房不到两丈远，一年四季紧关房门，也挡不住香臭混杂的气味任性闯入。最难以对付的是，公厕堵的时候比不堵的时候多得多，水房里的污水常常倒流在楼道上。大清早抢时间如厕和小心翼翼踩着砖块进楼回屋，几乎是我们相邻五六家人每天的功课。至于做饭，当然只能在楼道将就。电影《邻居》里的情景，被我们天天重演。

整个 90 年代，社会上流行着一句调侃语：“造原子弹的不如卖茶叶蛋的。”我就屡屡作想：自己既造不了原子弹，又不想去卖茶叶蛋，那就干什么吃什么吧。我那时虽由学生辅导员转行做了教古代文学课的教师，但真正的第一念想，却并非做学问而是务弄文学创作。我不自量力地可着劲儿练文笔和读经典，以为有朝一日必定名噪文坛。但不久之后便认识到，当作家既得具备高天分，又需要“扎硬寨、打呆仗”的毅力，我的天分并不高，也不是能吃得了大苦之人，经年累月写下去，顶多是个不郎不秀的作者罢了；况且书可以借着读，肉却不能借着吃，养家糊口总归更为紧要。于是我在校外兼了很多课，主要是对高等自学考试生的课程辅导。担任着校领导的业师千里青教授曾对我说："你在校外讲课讲出了名气，快成自考专家了！"我苦笑道："学生没出息，愧对老师教诲。"我心里明白，老师在含蓄地批评我不能心无旁骛地干好"正经事"——提高学历和发表论文。但我确实是个出息不了的高校教师，写感性文字眼高手低，写学术文章觉得无趣，以致到头来"州里未能到，县里耽搁了"。

但久居干一楼，我又收获了太多的真和善。我筹办婚事，众多同事和学生帮我精心布置小屋子；在我家必须雇保姆的几年里，林琳、周东华、韩隽、席金宁等老师，都曾让出床铺给保姆住；在保姆回家的日子里，女生们争着帮我看管孩子；我和妻子为琐碎事闹别扭，住在同一层最西头、一向慈眉善目的杨老师拽我到他家，狠狠地"收拾"我的粗鲁；我锅里熬着稀饭去上课，年届八旬的邻居"重庆奶奶"说"放心去吧，我会看着，饭煮好了替你封炉子"；美女学生王东溟来我家交统计表，我和她闲聊，随便说了句"酿皮子还是汉中的好"，东溟便周六专程回了一趟老家西乡县，和她母亲一起做了好多张米皮，又急匆匆带着它乘火车赶回学校……一切的一切，都永驻我的记忆深处。

所以，1989 年 12 月，我写了一首五古诗，题曰《呈干一楼诸邻》：

我居城南隅，敝楼守一窠。

斗室只方丈，三口耳鬓磨。
屋内盈床柜，帘外布灶锅。
廊道不堪行，污水屡成河。
寒碜未太息，四时作欢歌。
去年之子归，执手琴瑟和。
今春有璋庆，骄雏共护遮。
诸邻皆俊彦，术业专其科。
朝夕相见欢，薄厚无偏颇。
池边同漱洗，对面宰鸡鹅。
时有故人至，艺文漫切磋。
楼前饮宾客，醉看柳婆娑。
居此已三载，欣悦何其多！

十年后，我们一家人终于可以迁往桃园校区，住上单元房了。搬离干一楼那天，我百感交集地写下七律《别干一楼》：

饭香尿臭竞熏熏，与厕为邻诵典坟。
幸赖秦娥理门户，总惭衣食仰钗裙。
墙看四面东西少，床响三声左右闻。
讵料今兹别它去，回眸难抑泪纷纷。

有必要对颔联略加解释：妻子当家的能耐，比我强得多。她在医院工作，收入一直比我高。我挣不了买房子的钱，她不曾抱怨过。所以我一直认为，她跟了我，算这辈子吃了大亏。

文人的"荤"幽默

南朝刘义庆《世说新语·排调》载：

> 元帝皇子生，普赐群臣。殷洪乔谢曰："皇子诞育，普天同庆。臣无勋焉，而猥颁厚赉！"中宗笑曰："此事岂可令卿有勋邪？"

这是说，东晋皇帝司马睿得子，遍赏群臣同喜同贺。殷羡（字洪乔）谦虚地说："皇子诞生，普天同庆，为臣我没什么功劳，却也蒙恩得到厚赏！"司马睿笑道："这种事儿，咋能让你立什么功呢？"

魏晋时代的文人蔑视礼法，崇尚"通脱"，言谈举止往往流于放诞。放诞，就是过分的任性。任性固然显得洒脱，却也很容易滑向不负责任。殷羡曾在长沙、豫章两地担任过太守。东晋名士孙绰说殷氏"远有致思"，不知依据何在。《世说新语》讲过一个关于他的"放诞"的故事，"酷"得让人瞠目结舌："殷洪乔作豫章郡。临去，都下人因附百许函书，既至石头，悉掷水中，因祝曰：‘沉者自沉，浮者自浮，殷洪乔不能作寄书邮！’”这事做得太过分了，简直与“柳毅传书”之类信义之举全然背道而驰，真不知殷太守平时怎样取信于民。但时人却把殷氏干的这件缺德事传为美谈，以至于石头渚因此更名为“投书浦”。时代风气，由此可见一斑。不过，拿太子降生一事开涮于当朝皇帝，总还是需要些勇气的。好在司马睿受时风影响，并不介意为臣者的出言荒唐，而报以轻松一笑，殷羡的“罣话”，因此而升格为幽默。

这是我所见到的中国文人幽默逸事中最早涉“荤”者。“荤”幽默就是与“性”有关的幽默。既然人类生活不能与性无关，幽默也就不必一概拒绝性因素的偶尔介入。由于各种原因，中国一向盛产“荤”笑话——俗称“黄段子”，“荤”幽默却比较缺乏。“荤”笑话的内容多是对性无知或性渴望的嘲讽，往往陷于浅薄和粗鄙，但和一些小说中赤裸裸的性教唆、性展览相比，也还不无积极意义。值得称道的倒是“荤”幽默，它虽涉及“性”，却谑而不虐、荤而不腻。这类幽默十有六七见于文人的趣谈中，是言说者才情、气度在特定情境下的自然展现。

兹举数例一见其妙。

唐人高仲武《中兴间气集》载：

> 士有百行，女惟四德，季兰则不然也——形气既雅，诗思亦荡，自鲍照以下，罕有其伦。尝与诸贤集乌程开元寺，河间刘长卿有阴重之疾，乃谓之曰：“山气日夕佳？”长卿对曰：“众鸟欣有托！”举座大笑。论者两美之。

刘长卿和李冶（字季兰）都是中唐名人，前者曾自诩为“五言长城”，后者享有“女中诗豪”之誉。刘所患的“阴重之疾”即中医所说的“疝气”。“山气日夕佳”和“众鸟欣有托”分别出自陶渊明诗《饮酒》和《读山海经》，均为名句。中古以来，俗语中常以“鸟”（音 diǎo）隐指男子性器官。身为女道士的李季兰用“山气”谐音“疝气”开刘长卿的玩笑，确实够邪乎的了，而刘长卿并不难堪，同样借陶诗从容作答，以此“鸟”义关彼“鸟”，于问者的奇峰突起之外别开生面，让人忍俊不禁。陶诗是高雅的——这是读者既定的阅读经验，因而，一当它的意义被引用者“降格”或“转移”到生理层面上时，读者的心理便会迅速扑空，滑稽感油然而生。“举座大笑”，盖缘于此。

宋代幽默家似乎比唐代多一些。明人冯梦龙《古今笑史》曾记载过一则文人“荤”幽默：北宋学者刘敞（字原父）老来娶妻，曾遭欧阳修戏谑，遂寻机“反攻”。某日众文人相聚，刘敞煞有介事地讲了一个故事：“旧时有个老先生教学生读《毛诗》，读至‘委蛇委蛇’一句时，学生按通常的发音念‘蛇’，先生纠正说，‘蛇’字应念作‘姨’才对。次日学生因在上学途中看人耍蛇而迟到，先生责问，学生说：‘在街上遇见个弄姨的，就和大家一起围观，所以迟到了。那人先弄大姨，后弄小姨，蛮有意思的。’”话音未落，欧阳修已和众人笑翻——原来欧阳修娶的正是姐妹二人。这则幽默的致笑原理和上则相同，但在表达方式上更讲技巧，类似于单口相声中的“抖包袱”。

刘敞的弟弟刘攽（字贡父）也是一位“滑稽多智”之士，其幽默逸事之多胜过乃兄。北宋神宗年间，治《诗经》者喜欢牵强附会。《郑风》中有“伊其相谑，赠之以芍药”之句，有人认定是关于“放荡淫秽”的描写，并费心考证当时的情形究竟是男赠芍药于女还是相反。刘攽对这种烦琐学风颇为反感，遂故意说：“芍药能活血破胎气，因而肯定是男子赠送女子之物。《陈风》中的‘视尔如荍，贻我握椒’之句才是写女子赠物给男子——因为《神农本草经》中早就说过：‘花椒性热，可以明目、暖水脏。’当然是补肾壮阳之物喽！”刘攽用“以谬纠谬”法批评学究们的治经恶习，语虽涉性，却谐中寓庄，婉而能讽，可谓深得“曼倩之风”的真传。

中国是个过分讲究纲常伦理的国度，所谓长幼有序，男女有别，非礼勿动，非礼勿言，就是要求人们在社会交往中时刻不能忘记角色规范。基于此，长辈、晚辈之间很少发生戏谑性交谈。翁、媳说话随随便便，更是一大语言禁区。但有些幽默家偏偏敢在这一禁区内走钢丝。明人某刘姓员外的两个儿子中进士后，皆在京城做官。大儿媳进京时，刘伸手扶她上船，观者皆窃笑，刘朗声说：“笑什么，我不扶她，掉进水中才可笑哩！”二儿媳将进京时，刘正卧病在床，将儿媳唤至床前，手拍枕头说：“我头怕风吹，别忘了早买件头巾寄回。”次日儿媳上路，亲戚前来送行，刘又叮咛儿媳：“一定别忘了昨夜枕上之嘱。”众人听得面面相觑。刘这才从容道出事情原委，大家遂报以大笑。这个例子说明，只有既突破语言禁区却又安全无害的“荤”幽默，才能博得人们的激赏。

无论古代还是当今，在保持善意的前提下，人们之间的“荤”幽默，可以有一些攻击性。以有关夫妻的幽默为例，《汉书》说西汉时的京兆尹（西安市市长）张敞喜欢亲自给妻子画眉，一时传为笑话。有人告知宣帝，宣帝责问，张敞说：“卧房之内，夫妻之间的私事，比画眉严重的多了去了！”这已多少有些幽默意味，但属于“防御”型笑谈。明人钟惺《谐和丛》载：卢公晚年续娶女子祝氏。夫老妻少，祝氏难免有不满意之处，终日皱眉。卢公问故，祝氏答曰：“我不怪您年老，只恨我生也晚，不见卢生少年时……”和张敞相比，祝氏幽默的“攻击性”明显增强，但与下一则外国“荤”幽默对照起来，还是小巫见大巫：

1948年，杜威与杜鲁门竞选美国总统，自以为胜券稳操的杜威对夫人说：“你马上就要和美国总统同床共枕了，有何感受？”夫人笑答：“十分荣幸，我简直等不及了！”结果当选总统却是杜鲁门。杜威沮丧地看着报纸，这时夫人在他身边柔声细气地问道：“亲爱的，您看是让我去白宫呢，还是叫杜鲁门到这里来？”

亵渎意识是人类喜剧性心理的一个重要方面，张扬亵渎意识的最便捷方式便是创作“荤”幽默。据说英国曾举办过一次“四句话作文”竞赛，要求参赛者用四句话讲述一个有悬念的故事。获得最佳作文大奖的作品内容是：“啊！我的上帝！女王怀孕了，谁干的？”当代中国的此类幽默更多。前不久，一位作家在聚会中讲过一个故事：

某单位召开大会，一领导在主席台上对众人训话，讲到激动处便离开座位在台上走来走去，结果观众大哗——原来领导忘了系上裤子拉链。这时有人递上便条提醒上司：“领导，请看下边！”领导乜斜了一眼字条，继续慷慨陈词。过了一会儿又有人递上字条，内容同前，领导有些不悦，大声说道：“刚才不断有同志递字条提醒我‘看下边’，我不正看着下边吗！下边是什么？ 是人民群众嘛！”

盖凡人类社会生活中比较庄重、严肃的内容，一旦与生理现象挂上钩，便会使人觉得滑稽可笑，紧张心理亦随之放松，这正是一切“荤”幽默受到欢迎的接受学依据。 我的观点是，幽默不必总与“性”有涉，也不必尽与“性”无关；但必须反对恶劣的“性”幽默——低俗的、人格侮辱性的“性”幽默。 掌握好“性”幽默的火候，并不是很容易的事，这其中不仅与创作者自身的智力、文化修养、性观念有关，还涉及接受方的心理领会能力，因而操作起来难免带有某些风险性。 ——这些，都是幽默者需要注意的。

“成熟”的喜剧

人过了三十，就该“成熟”了。成熟是一把世俗的尺子，既可以测人，也可以量己。不过它的刻度，往往有些随意性，这里认为尺长的，到那儿就可能变成了寸短。当年读中学，听老师讲《最后一次演讲》，觉得正义凛然的闻一多先生真是伟大。但前些日子，却听到另一种妙论：闻先生太不成熟——一个手无寸铁的教授，竟然与政府唱对台戏，岂非以卵击石？成熟的年龄，也自然因人而异。正像“三十而立”不是一定的一样，三十而“熟”，也不是必然的。电视剧《北京人在纽约》中写了一个很讨人喜欢的阿春，因为做人处世既有胆有识，又有情有义，就在观众中落了个“熟透了的女人”的美名。阿春的年纪，大约是三十岁左右。而宋代大文豪苏东坡以“一蓑烟雨任平生”之类词句表明他真正成熟、能猝遇各种变故而应付裕如时，已是四十七八的人了。

尽管如此，关于成熟，人们还是达成了一些相对接近的看法。孔子以“知命”不忧，“闻道”不惑为成熟，范仲淹以“不以物喜，不以己悲”为成熟，古代的仁人志士都是认可的。通常的成熟标准，当然可以略降低些，也可以因行当不同而异。

比如，官人的成熟，通常是“刀笔精通，吏道纯熟”；商人的成熟，自然是诚信不欺，和气生财；农民的成熟，意味着因时适宜地春种秋收，保障全家财用不匮；知识分子的成熟，则应该是既有“通古今，辨然否”的博学和善断，又有“铁肩担道义”的承当勇气及实践作为。如此等等，不一而足。

在我看来，个人生命意义上的成熟，就是成年之后，在观念和实践上都能从容稳健地把握自己的权利、义务、能力和发展方向，既有所为，又有所不为。人谓陶渊明四十一岁时因不肯“折腰向乡里小儿”才挂冠而去，做了躬耕南亩的农夫。其实，陶氏的归隐，乃是成熟的必然，“束带见督邮”与否，并不影响后来的结局，因为他早已决定好了，在官场没有抛弃他之前，先主动抛弃官场。彭德怀元帅在庐山会议上挺身直言，为民请命，则是一个成熟的正直共产党人在历史紧要关头，别无选择地行使了自己的话语权。古人说得好，邦有道而不仕，耻也；邦无道而仕，亦耻也。陶渊明的成熟，就在于他能真正做到宜仕则仕，该隐则隐。彭老总的作为，则显示了一个革命者更高境界的成熟：国有难而不言，耻也。

遗憾的是，当今社会的所谓“成熟”，却往往是另外一回事——尺度所指，不是权利和义务的正确行使，而是个人趋利避害上的稳操胜算。我的学生刘君博学多才，风流倜傥，十年前大学毕业后去了某机关就职。小伙子工作勤勉，待人诚恳，按时髦的标准衡量，该属于“跨世纪”型人才。孰料三十好几了，不仅仕途蹭蹬，无官无职，而且“爱情鸟”也一再来而复去，硬是让小刘郎翻作了老刘郎。今年开春，我到外头开会，碰上刘君单位的人，问起刘君近况，人家说，还是老样子，又能怎么样？复问：这么优秀的人，为啥总是“没情况”？答曰：小伙倒是个好人，就是太不成熟了，说话做事老“冒气”，领导还能提拔他？而这样的生瓜蛋，谁家姑娘跟了他，心里也不踏实嘛。

其实，刘君的不“成熟”，我早就从他的同学那里有所耳闻了。有一次单位开会，让群众“民主评议”在任领导。领导自评结束后，众人都不痛不痒地表了态，唯独刘君不识相，呜哩哇啦地数落了领导一大堆失误。虽然领导一直洗耳恭听，甚至面露闻过则喜之色，众人却不干了，纷纷谴责刘君“吹毛求疵”“小题大做”。会后，领导并未给刘君穿过“小鞋”，但提拔的好事却就一而再、再而三地与他失之交臂了。恋爱方面，他也留下了好几则“逸事”，也都与不“成熟”有关。事涉隐私，就不曝光于此了。

像刘君这样老是吃不“成熟”亏的人，在我的学生中虽不多见，却也并非罕见。他们每看望我一次，我就遗憾和尴尬一回。遗憾是因为这些学生当年品学兼优，命里不该混背；尴尬则是由于他们中间有人不止一次对我讲：老师过去书生气十足的教导害人匪浅，推迟了学生的成熟进程。这话有根有据，使我深感难辞其咎，唯有报他们以苦笑而已。有鉴于此，我告诫自己：而今做老师，最好多教书、少育人。

多教书当然没错，少育人却有逃避责任之嫌。事实上，所有为师者都是“爱迪生”的，不仅爱“迪”之以智，更爱“迪”之以德。所以我说“多教书、少育人”，也只是一句气话，自己认可的做人道理，还是没少对学生讲，尽管我的确很为难。

趋利避害是一切生物的本性，人类亦不会例外。但人是有责任的，趋利不仅要趋一己之利，还须趋天下之利，这才是真正的成熟。要求普通人都能像闻一多教授、彭德怀元帅那样立身行事，未免近于苛求，但大凡具有个人行为负责能力的社会成员，就该既不失赤子之心，真诚做人，又时刻保持明确的是非感，敢于维护社会公正。如果连这一点都做不到，那就连安徒生童话《皇帝的新衣》中的小孩子都不如了。但眼下为很多人所追求的所谓“成熟”，却是病态的“世事洞明，人情练达”：韬光养晦，虚与委蛇，一团和气，八面玲珑，上下交通，逢场作戏，见官装孙子，表态随大流，三分干工作，七分琢磨人，看戏不流泪，撒谎不脸红，笑谈世间沧桑，惯看秋月春风……不“成熟”者如刘君辈，则心中没城府，嘴上少遮拦；不会装聋作哑，拙于明哲保身；对领导有了意见，便忍不住犯颜直谏，另类于“沉默的大多数”；交际中没学会“作秀”，难得讨别人喜欢；尤其糟糕的是爱管“闲事”，不仅动不动就放肆地臧否人物，诋呵世事，还“路见不平一声吼”，敌不过坏人也出手……如此不“成熟”的少数派与如彼“成熟”的多数派同在蓝天白云下“建设祖国”，其结果便是孔繁森以身殉职，还有人说他犯傻；徐洪刚在公车上勇斗歹徒，人多数乘客却只做看官；巴金老倡导“说真话”，假话连篇的文章照样屡见于报刊……

但最让我痛心的，还是相当一部分“成熟”的知识分子的面目可憎。知识分子本是社会良知的持有者和人间公正的维护者，所以一向受人尊重。孔子和孟子认为，成熟的知识分子应该做到“穷不失义，达不离道”，必要时还须敢于“以身殉道”。几千年来，中国知识分子命运多舛，但前多年还是涌现了顾准、林昭、遇罗克、张志新一类守道、殉道之士。到了生存环境已可称宽松的90年代，越来越多的知识分子却学会了乖巧和油滑。大学里，就有很多这样的“文化名流”，貌似忠厚、淡泊而实际上工于心计，精于钻营，为了混点名气不惜昧着良心大做官样文章，跑职称时脚下生风，比当官的跑官还要麻利三分。一见到这些乡愿气十足的“专家”“教授”，我就直犯恶心。而这些人却说，在历尽苦难之后，中国知识分子成熟了，再也不会冒傻气了。关于闻一多不成熟的妙论，就出自一位“博导”之口。这样的“成熟”，真是太可怕了。

新学期又开始了，面对一大群稚气未消的青年学子，我还是忍不住地思谋着，该在教书之外，怎样引导他们走向成熟。《后汉书·范滂传》载，范滂就戮前，口气苦涩地对儿子说：“我想让你做恶人，但恶人决不能做；我想让你做好人，可我这个好人却落到了这步田地。”我也想对学生讲：我盼着你们尽快成熟，可如今所谓的“成熟”，实在要不得；我希望你们别那么“成熟”，但你们那些毕业了的师兄、师姐们，又净吃了不那么“成熟”的亏。想归想，讲出来还是不可以的，因为我既不是“慨然有澄清天下之志”的范滂，也不是“成熟”到了敢说闻一多不“成熟”程度的教授。

一个周末，前文提到的刘君到我家做客，带来了一个好消息：领导已决定提拔他为科长了。我问福星怎么就高照到了他的头上，他一脸诡谲地一笑说：“因为学生我‘成熟’了。”我又问他怎么个成熟法？他说：“领导连着办了几件‘打擦边球’的事情，咱给了积极配合呗。”我只好向他表示祝贺，并拿出好酒招待他。喝着说着，他的眼圈却红了。这时候，我的孩子叫嚷着拿出一张买来的光碟开始播放。那是冯小刚新拍的电影，片名叫《一声叹息》。

痴气、沉哀与悲悯

幸赖诸多因缘，西安成了一座颇能聚纳大小文人的城市。我已在西安待了多年，作为不大，爱好无多，教书之余，与“性相近”的文友隔三岔五小聚，庶几算得一桩快事。酒喝多了，便难免要臧否人物、诋呵文章一番。

某次喝得有点儿醉意，对一位友人说：“汉末祢衡曾讲过：‘大儿孔文举，小儿杨德祖；馀子碌碌，莫足数也。’孔融字文举，杨修字德祖。祢衡的意思是，当时的作家中，最‘硬棒’、最入他‘法眼’的，就是这两位了。我意中，陕西新时期作家群体里，‘孔、杨’之类人物，实在数不出几个。陈忠实老师当然是一号‘大儿’。大量的舞文弄墨者，也就马马虎虎而已。至于像我这样的票友，更不必挂口上舌咧。”友人问：“可否细说点儿？”我说：“现代作家洪深有一副对联：‘大块文章拼命酒；坎坷生涯断肠诗。’前一句，说的是‘痴气’；后一句，说的是‘沉哀’。陈忠实这类作家的血性里，有一种对于文学的真‘痴气’，而其作品中潜含着大‘沉哀’。在当今文坛，这样的文化气质，岂能容易见到？”

十多年前，拜读已故学者胡河清的论文集《灵地的缅想》，获益匪浅。其中一文，专论钱锺书，见解很是精到。文中，胡氏以“痴气”和“沉哀”概括钱先生为人与为文的精神特质，极得我心。在我看来，“痴气”就是对于理想人生境界或意义世界恒久迷恋的生命状态。

《红楼梦》第一回写道：“满纸荒唐言，一把辛酸泪。都云作者痴，谁解其中味？”这是曹雪芹的开篇明义。诗的第三句用了一个“痴”字，蕴意极深——曹雪芹深重的哀伤、苦闷、同情和希望，都倾注、寄寓在了这个“痴”字之中。蒲松龄说：“性痴则其志凝。故书痴者文必工，艺痴者技必良。世之落拓而无成者，皆自谓不痴者也。”中国古代的笔记体著作纪人纪事，常有“痴绝”类标题，题下所写，都是至为感人的痴人痴事。“痴绝”，即“痴极”。尾生等待情人，宁可抱信柱而死，是情痴；玄奘十七年间行程五万里取经，是佛痴；怀素种万棵芭蕉树以取叶练字，是书痴；李贺常年背一破囊朝出晚归寻觅佳句，是诗痴；贝多芬在双耳全聋、生活困顿的情况下，顽强写出系列交响曲以鼓励人类“通过苦难，走向欢乐；通过斗争，获得胜利”，是乐痴；凡·高“用全部精力追求了一件世界上最简单、最普通的东西，这就是太阳”，是画痴……作家之所“痴”者，当在于自己用语言文字所构筑的意义世界。我常常想，曹雪芹和陀思妥耶夫斯基创作小说的时候，其痴态，一定是世上最动人的画面。

至于“沉哀”，深沉厚重之哀也。古今中外伟大的文艺作品，没有一部不是“沉哀”之作，包括喜剧。“痴气”只是作家进入意义世界的第一张精神通行证，只有“沉哀”才能导领作家进入美学的大境界。文人无“痴气”而事文学，必近于玩家；玩家中的下等，甚至与狎客无异。有痴气而少“沉哀”之思，就少了悲天悯人的情怀、洞察世相的识力和捍卫人类精神尊严的胆魂，纵然日就万言，著作等身，也难免“轻薄为文”或“泯然众人”之讥。《白鹿原》的巨大成功，正在于它是一部“沉哀”之作。此书一出，陈忠实便与昔日《信任》《初夏》的作者划境而治了。

沉哀与悲悯是伴生的。哀伤而同情，谓之悲悯，其本质是以感同身受的情感来对待苦难的人和事。比悲悯更高一级的情怀，古来称之为慈悲，那是进入了宗教层面的情感态度。事实上，在我们的人生历程中，较诸慈悲，悲悯更具可造达性和可操作性。要求从事写作的人都慈悲，显然过分了。悲悯，却是一个真正的作家必有的“人间情怀”。纵览中外文学史，那些伟大的作家，无一不是心怀悲悯以事文学的。闻一多先生曾在《杜甫》一文中说，子美“是我们四千年文化中，最庄严、最瑰丽、最永久的一道光彩”，并指出李白逊色于杜甫之处，不在才气，而在人格。我同意闻先生的看法，而悲悯，正是杜甫人格中最核心的部分，因此也就成了杜诗的“文化之魂”。清人吴乔在《围炉诗话》中说杜甫：“于黎民，无刻不关其念……诗出于人，有子美之人，而后有子美之诗。”我们读杜诗，感受确乎如此。《自京赴奉先县咏怀五百字》是杜甫的代表作之一，名句“朱门酒肉臭，路有冻死骨”便出自该篇。但这首诗最令人感动的，不是这两句，而在最后一段：“入门闻号咷，幼子饥已卒！吾宁舍一哀，里巷亦呜咽。所愧为人父，无食致夭折。岂知秋禾登，贫窭有仓卒。生常免租税，名不隶征伐。抚迹犹酸辛，平人固骚屑。默思失业徒，因念远戍卒。忧端齐终南，澒洞不可掇！”诗人从京城回家探亲，刚进门，便听到一片哭声，原来自己最小的孩子已经饿死了。他悲痛欲绝，并陷入了深深的自责中。可是自责之后，诗人所想到的，却是那些比自己活得更艰难的天下苍生——“失业徒”和“远戍卒”们。陕西民歌中有句云：“唐朝诗圣有杜甫，能知百姓苦中苦。”这么好的诗人，人民怎么能不永远怀念他？钱锺书的《围城》是一部好小说，但书中有一段文字，写一个底层妇女哺乳婴儿，作者用了很刻薄的文句突出她的“脏”，这就不仅不悲悯，而且有失基本的厚道了。每次读到这里，总为钱先生感到遗憾。

只有沉哀与悲悯兼具的文字，才是有温度的文字。《史记》如此，杜诗如此，关汉卿杂剧如此，归有光散文如此，曹雪芹小说如此。

“东征”以后至今，“陕军”作为不大，这是不争的事实。目前活跃着的陕西作家们的才气、灵气，并不逊色于昔时或异地的作家。我感到这些陕西作家精神素质的缺失之一，正在于痴气日减，沉哀欠缺，悲悯更不必论。

为了成就一部《红楼梦》，作者竟“披阅十载，增删五次”，乃至“书未成，芹为泪尽而逝”。支撑《红楼梦》的精神基座，正在于痴气、沉哀与悲悯。而今九州文坛，才华堪与曹雪芹相伯仲的作家，未尝无有，写作条件的便当，更非曹氏所能想象，然而终究迄今未能铸就《红楼梦》那样的不朽之作，何故？套改贾谊《过秦论》的话说，便是“痴气、沉哀、悲悯今非昔比，则所臻之境异也”。

小人坦荡荡，君子常戚戚

人有了点文化，就往往好说、也爱相信很多的格言警句。但格言警句，未必都是真理。譬若“大丈夫能伸能屈”这句话，貌似精彩，实则是教人藏棱角、装软蛋的。又比如“洋产”格言“不想做将军的士兵不是好士兵”，听来觉得很是“壮志凌云”，便诱惑了不少差不多跟我一样只适合做士兵的人也好高骛远，蠢蠢而动，白白折腾一场青春，正如一位作家所言：多少人本可以活得好好的，硬是让这句话给害了。另有一些格言，说得振振有词甚至天花乱坠，一旦验证于事实，却一颠就破。“君子坦荡荡，小人常戚戚”即属此类。

作为两个相关的人格概念，君子和小人的划分，是在对比、对立中建立的，并与人类道德史相始终。古朴的原始时代，是没有君子和小人的；“天国搬到人间”之后，也将不存在君子和小人。君子与小人的分列对峙，大约是阶级分化和利益纷争的产物。在君子数量日趋减少、小人队伍不断扩编的今天，对这两类人量长较短，不仅较为容易，而且正是时候。虽然，将一切人都划分到君子和小人两大阵营中去说三道四是失之简单的，因为事实上存在着不少边缘人——既有君子之风又有小人之习，但用两分法在此仍然必要，因为每个生活在社会中的人，都有人格的主导方面。犹大或许也做过什么好事，但我们绝不认他做君子；孙大雨诬告过一批好人，却并不是小人。

我所关注的对象，并非那些亦君子亦小人的倮虫，而是非君子即小人的男女。在此范围内的讨论焦点，也不是要弄明白，君子和小人的能耐孰大孰小，而是想搞清楚，君子和小人，究竟谁更“坦荡荡”，谁总“常戚戚”。

君子一定是有德之人，小人必然为无德之辈，这是共识，不必争论。不过，小人只能指那些社会身份较低的无德者。一旦在作恶方面跃过了龙门，小人就升格为匪头寇首、窃国大盗、独夫民贼、纳粹党魁、国际毒枭之类“大人”了，不仅无德可讲，而且毫无人性可言。这样的两脚动物，当然应该放到另外的界面上去研究，兹不赘议。现在只做君子和小人的心态比较。在我看来，说君子“坦荡荡”而小人“常戚戚”，不过是先师先哲长前者志气、杀后者威风的一种语言策略，而并非事实判断。实际的情形，古来就常常相反。李斯迫害同学时，赵高指鹿为马时，田甲戏辱犯人时，李林甫惑君乱政时，李定“锻炼”同僚时……哪一个“戚戚”过？倒是正直的韩非“孤愤”至死，部分不忍为虎作伥的秦朝大臣忧惧交加，为人宽厚的韩安国忍气吞声，困居长安、进退失据的一代诗圣“沉饮聊自适，放歌破愁绝”，德才双美、名满天下的东坡先生“惊起却回头，有恨无人省”……所以我以为，“君子坦荡荡，小人常戚戚”这种说法严重失真。在这儿，君子和小人必须打个颠倒，才庶乎算是立言有据，名实不悖。

中国不仅是一个造就君子的国度，也是一片盛产小人的沃土。小人的培养，无须经历玉成君子的“如切如磋，如琢如磨”的过程，因此其繁殖率往往极高。在篇幅不长的《论语》中，孔子竟二十四次谈到小人，足见问题的严重性。

古今小人的方阵，大约由三类成员组成：一曰小混混，二曰流氓无赖，三曰伪君子。

小混混是最低档次的小人，其面目近于低等爬虫，进退沉浮，全凭直觉牵引，是与非、美与丑、荣与辱一概无从谈起，自然是“坦荡荡”的。流氓无赖是有一定“思想”的“混混”，其意识和行为，均指向对社会规范的亵渎和破坏，既然奉“无法无天”为生存哲学，胡整乱来便是家常便饭了。遇到惩罚，则应对以“我是流氓我怕谁”的肆无忌惮。这样的人，也当然是“坦荡荡”的了。伪君子是高级形态的流氓，大恶似善，大奸游刃有余，防翻把自有高招。这种小人，在政界为政客，在商界为奸商，在学界为道学先生，人前风光全占尽，人后没事偷着笑，不仅活得“坦荡荡”，更活得乐陶陶，又何戚之有？

所有小人的共性，都在于极少有敬畏之心。轻蔑道德自不消说，法律也可以踩在脚下。《水浒传》里的泼皮牛二之所以敢当街“坦荡荡”地撒野耍刁，胡搅蛮缠，就因为天地不怕，“开封府也治他不下”。安徽有个小流氓，年龄不过十四岁，人称“淮北第一恶少”，为了出妒气和勒索钱财，在光天化日之下纠合街痞绑架同学，事情进展不顺，便当即“撕票”，将人质推入井中活活弄死，其残忍令人发指。但最令人匪夷所思的是，当记者在看守所里采访时，这个恶少竟神态自若，谈笑风生，那份从容和“坦荡荡”，简直与烈士就义前的表现相仿佛。

君子则全然不同。孔子标榜“仁者不忧，知(智)者不惑，勇者不惧”。那只是对君子的期待，其实但凡君子，十有八九都难以摆脱“戚戚”的折磨。君子大约也可以分为三类：胸怀天下、正道直行的仁人志士；超脱拔俗、淡泊自守的高人逸士；诚实守信、敦厚善良的凡人俗士。第一类君子如范仲淹所说，“居庙堂之高，则忧其民，处江湖之远，则忧其君”“是进亦忧，退亦忧”，是注定要“戚戚”终生的。第二类君子以远离名利场之法“独善其身”，这种选择，本身就是不堪“戚戚”之苦的结果。但事实上，主动“出局”，固然是一种“戚戚”的结束，但又常是另一种“戚戚”的开始。读陶渊明归隐后的诗文，就能强烈地感知到，采菊东篱、潇洒度日，确实消解了昔时“误落尘网”的烦恼，而思考历史、人生、社会的痛苦，却比那种烦恼更搅扰诗人的身心。现代“文化隐士”钱锺书先生“凋疏故旧”“落索身名”，一门心思从事治学，终于撰就了传世杰作《管锥编》。但明眼人早就指出，这部巨著不仅是学术宝典，更是忧世之书，其精神与《离骚》《史记》一脉相承。钱先生的确“人淡如菊”，然而《管锥编》中不仅有忧患之思，而且不以“坦荡荡”的方式直白，而借“春秋笔法”曲表，其“戚戚”之心可知矣。第三类君子最多见，但也最容易受到来自小人的捉弄和伤害。这类君子多生活在社会底层，在承受着沉重生存压力的同时，又不得不费力应付闾里各种不速之客，岂能活得自在？我有一位长辈，几十年来与人为善，好事做到方圆几十里外，落了个“活雷锋”的美名，却又一次次遭到小人的暗算和耍弄，其人生也就成了一部“戚戚”的辛酸史。这位长辈不止一次地对我感慨：做几年君子容易，做一辈子君子，真是太难了。

古人说："士有百行，以德为首。"凡无愧"君子"之称者，无不如此。君子并非完人，他们也会犯糊涂、出差错。李贽就曾指出，君子的错误，有时甚至会大到误国的地步，"盖彼自以为君子而本心无愧也，故其胆益壮而志益决，孰能止之？"但是，君子的犯错误与小人的作恶，完全是两码事。即使惹出大乱子的君子，其人格也依然是闪光的。鲁迅早就说过：战士也是有缺点的，但蜇人的蜜蜂仍是蜜蜂，而再完美的苍蝇终究还是苍蝇。就心理特征而言，君子之所以为君子，不仅在于他做人处世能够以道德自律，更在于他有敬畏之心——敬畏法律的高高在上，敬畏公理的耳提面命，敬畏良知的告诫提醒，敬畏人之为人的尊严。拿这些去要求小人，则无异于与虎谋皮。天下是君子和小人共有的天下，只要"坦荡荡"的小人还存在着，君子就只能"常戚戚"下去了。

《镜花缘》中有个君子国，国中的人民，无一不是"坦荡荡"的君子。那里既没有国产的小人，也没有进口的小人，所以风清弊绝，一片升平。那虽是小说家的虚构，却表达了一切善良人的愿望。到了"人人皆为尧舜"的大同之世，全世界变成了清一色的君子国，一切活着的人在体面地、潇洒地、"坦荡荡"地活着的同时，一定会经常"忆苦思甜"，并以各种方式祭奠历史上所有因小人作祟而吃尽了苦头的君子们。自然，在那个时代，君子、小人的二分法也就将从人类现实语言中光荣地退休，而只在史书和纪念活动中露脸了。让我们耐心地等待吧。

话说“残火人”

攻击对象时，绝不心慈手软，出以重狠之招，必欲置之困境乃至死地而后快，谓之“can huo”。只在极个别情况下，仅指做事“麻利”。这是个陕西方言词，本文用它，不取后一义。

几年前，作家朱鸿兄曾问过我：“‘can huo’怎么写？”我说：“应该是‘残豁’吧——‘使之残、使之豁’的缩略。”他表示同意。“豁”字旧读入声，今陕西话里，转为了阴平。但我后来觉得，这个词，也许是“惨祸”的转音。无论作“残豁”还是“惨祸”，都属于使动用法。

阎琦教授审读拙文后指出：“can huo”应写作“残活”，“活”乃实词后缀，宜读轻声，并提供了相关例证。《关中方言大词典》收录“残火”一词，释义为“凶恶、暴躁”。杨乾坤兄则认为“残”应为“镵”（锐利意），亦有说焉。我觉得都有道理。在自己尚无力确考的情况下，姑作“残火”。

狮子用“合围”法杀死野牛后分食的血腥场景，或鳄鱼用“绞肉”法撕噬河马的恐怖画面，多次出现在央视《动物世界》或《人与自然》节目里。如果你看过，就知道我说的残火，是怎么一回事了。

狮子可曰“残火兽”，鳄鱼可曰“残火鱼”。残火的人，当然该叫作“残火人”。狮子和鳄鱼的残火对象，并不是狮子和鳄鱼。残火人的残火对象，却主要是人。人和动物，就是不一样。

我听过的和见过的当代残火人，是有些数量的，现在随便举三个。

第一个残火人是个农民，就叫他残火王。此公长得高而瘦，棱角分明。我小的时候，听过关于他的好几桩很传奇的故事，都发生在新中国成立前。其中最残火的一桩是，他把一个赌家子“劈叉”了。这个赌家子欠了好多人的赌债，残火王是头号债主。讨了二年债，那人不仅不还，态度还十分恶劣，又与残火王的侄媳私通，使王氏全族人蒙耻。残火王很“糙”，但颇能沉得住气。他和另一个铁交策划好，由铁交以说合的名义，请那人一起喝酒。喝至夜深人静，残火王和铁交将那人灌得大醉后捆绑双手拉到河边，吊在一棵老核桃树上，又给其两脚腕各系一条大绳。残火王拽绳向西跑，铁交拽绳向东跑，然后放松，又再拽紧，如是收放十余合，便把那人活活劈叉掉了。

第二个残火人是个女大学生，兹称残火李。我当班主任的时候，协助辅导员处理过多起学生之间的纠纷。在某一次宿舍冲突事件中，残火李作为主角的作为，给我留下的恶劣印象，一生不会磨灭：马上就要放寒假了，因为一桩鸡毛蒜皮的事情，残火李和同舍的康同学争吵起来。两人都住在下铺，但吵架之时，对方正攀爬到上铺找一本书。残火李一把将康同学拉下来，施以拳脚。被打者还未回过神来，残火李已冲出门去，旋即打回一盆冷水，“哗”地一下倾倒在康同学的下铺上……处理这件事时，残火李站在我面前，面无表情而双手紧攥。我能感觉到，她对于自己的做法，未有丝毫后悔和歉疚。我当时的寒心，是无法用语言形容的。顺便说一句，残火李挺秀气，算得上小美女。

第三个残火人的职业和单位，我不能说，按行文顺序，还是称残火赵吧。新中国成立初期，离家干革命十多年、官衔已至颇高级别的残火赵衣锦还乡，亲自带领翻身农民斗争他的生身父母，亲自用铁丝穿透老爸的肩胛，亲自拽着铁丝的一头拉老头游街。他的父母，是有名的恶霸地主。老地主如何经得起儿子的亲自折腾，很快就一命呜呼了。残火赵大义灭亲的事迹，传得很远。他的一个晚辈亲戚做文化生意，有时找我帮点小忙，日子久了便成了朋友。有一次聊天，他无意中提到了残火赵的名字，我大吃一惊。他也笑了，说，我们那老者，名气可是够大的。

至于历史上的残火人，那就太多了：杀妻求将的吴起、天资刻薄的商鞅、活埋四十万降卒的白起、“宁教我负天下人，休叫天下人负我”的曹操、占了人家老婆还用牵机药毒死人家的赵光义、从北京杀到南京收拾亲侄儿的朱棣、挖出徐锡麟心肝炒了下酒的恩铭的卫士们……

心肠硬如铁石、心理素质超好、做事追求彻底，是古今中外一切残火人的共性。因此和残火人在一起，不残火的人难免心惊肉跳。我曾看过一则名人逸事，是关于苏轼和章惇的：苏任签署凤翔府判官时，章知我的老家商州。有一次，二人同游终南山，到了仙游潭。章要求苏一同下潭题词，苏不敢迈步，因为潭临悬崖，两岸极狭。章便独自踩着险石下去，书句于石壁：“苏轼、章惇来此。”章从容回来，苏已惊出一身冷汗，拍着章的脊背说：“你呀，日后做了官，必定能杀人。”章问：“为什么？”苏曰：“能自己拼命的人，必定能杀人。”章大笑。后来的章惇，果真成了一个有名的残火政治家。

我不是个残火人，过去和现在不是，将来也一定不是。十二岁时的一次玩耍中，我和一个小我一岁的孩子发生了冲突，双方都有助阵者。先是互相对骂，后来又互相推搡。眼看要打起来的时候，那个孩子突然扭身下到河滩里，捡了一块十几斤重的石头回来，冲着我说：“你要是有种，就朝我头上砸；我要眨一下眼，就不是我妈生的！”说完把石头递了过来，我下意识地接在怀里。旁边的孩子们，个个瞪大了双眼，却无一人上前劝止。我知道他们多少有些骇怕，但又很想看看“酷毙了”的场面——人性恶的一面，即使在小学生身上，也偶有展现。石头在我手里，可我不知所措。那孩子开始了小得意，越发难听地骂我。石头被我举过头顶，对方依然毫无畏惧。我的手慢慢发抖，由微微渐至剧烈。终于，我扔了石头，蹲在地上大哭。那孩子轻蔑地说了句：“孬种！”便转身走了。

第二天，一个和我要好的同学问：“他耍二尿，你为什么不砸下去呢？”我说：“我下不了手。他比我还小，我要是砸下去，他不就没命了吗？”其实，即使人家比我大几岁，我也照样下不了手。

所以，我永远不愿意见到残火人和残火事。即便间接听到有关残火的旧闻或新闻，心里也不是滋味。当年看秦腔《铡美案》，我最喜欢的剧中人，不是不畏权贵、执法如山的包拯，而是那个不残火的韩琦，因为在“杀庙”一场里，面对无辜的秦香莲母子，奉命执行“杀务”的韩琦，也和举着石头的我一样踌躇有时，只好选择了自杀。 去年，我从报上看到，一个社会心理研究小组对某校的几十个小学生做过一次测试：如果在路边见到一只受了伤、气息奄奄的猫，你会怎么做？ 一半多的回答是：弄死它。 这报道让我很难受，我想到了《孟子·梁惠王上》中的话：“君子之于禽兽也，见其生，不忍见其死；闻其声，不忍食其肉。”面对一只可怜的小猫，孩子们竟要“弄死它”，令我无法理解。 现在的家长普遍溺爱孩子。 可是一些被溺爱的孩子，为何变得如此残火了呢？

如果残火人偶尔表现出不残火的一面，我对他（她）的不喜欢，会减去不少。 例如，项羽这个霸王，总体上是残火的，但鸿门宴上的项羽，就不仅不残火，还颇有少年般的天真，便不失可爱了。 我对学生讲文学文本可以有多种读解角度，举的例子就是鸿门宴：“鸿门宴讲什么呢？ 讲一个阳光男孩和一群政治流氓之间的不对等角逐。”某年游临潼，我写过一首咏史绝句《过鸿门有感》：“我诈他虞作戏频，阳光小子觅何人？ 鸿门宴上观群丑，磊落谁同一项真？”

我不仅不喜欢残火人，连残火的语词，都不喜欢听或看。比如，岳武穆的“壮志饥餐胡虏肉，笑谈渴饮匈奴血”，我就不认为是好对句：“直捣黄龙，与诸君快饮”可矣，胡人也是人，为什么要吃了他们？ 不区分祸首和胁从，笼而统之地“饥餐渴饮”，无奈太残火乎？ 因为战争过程中，汉人遭灾，胡人也受罪——李颀不就说过“胡雁哀鸣夜夜飞，胡儿眼泪双双落”吗？你说，岳武穆那样写，是文学夸张，不能看呆了。 我说，不对，文学无论如何夸张，也不该是这般残火口气。

残火人未必都是坏人。如曹操、李世民等，就总体上是好人，至少不完全是坏人。甚至入了《宋史·奸臣传》的章惇，也在修武备、靖边患方面颇有作为。那个被徐锡麟连枪打死的安徽巡抚恩铭，确实很残火地镇压过人民，而其积极推行“新政”、大力兴办“新学”的功绩，史家和老百姓也不能否认。

但不管是好人还是坏人，只要他（她）残火，我都会躲得远远的。

我只想吃一碗面

前天下午，一位中学时的老同学打电话来说，好久没聚了，今晚约几个好友，一起吃顿年饭，你得来，没你不热闹。我说，我也想念大家，但实在不想海吃牛饮。再说最近不上班，待在家里练厨，都积食了。同学说，就一起坐坐、聊聊嘛，你怕什么？我说，有两种电话一来，我就头大：一是请托，二是请饭。同学说，怕请托很正常，怕请饭却为何来？我说，宴会场面，无论公私，给我的感觉，除了受罪，没有别的。你也知道，无论到什么宴席上，我只想吃一碗面。

我的这位同学为人，一向是既厚道又热情的。想当年，我们在学校宿舍里住大通铺，好得亲兄弟似的。现在人家真诚相邀，不去赴宴，的确是不太近人情。但我咬咬牙，硬是没赴这场其实“不为啥”的私宴。

至于我爱吃面，原因很简单：我是北方人，吃面惯了。用作家朱鸿兄的话说，面食以外的食物，和北人肠胃“不粘连”。

三十五年前的初夏，一群山里的小学生被老师带着去帮生产队抢收小麦。在特别忙活的一天中，这些孩子不仅饱吃了两顿烩面片，而且下午收工前，每人还得到了三个馒头的奖赏。这让他们无比高兴，以至于都不肯马上回家，而在麦场上尽兴嬉闹。嬉闹累了，便靠在麦垛旁享用奖赏。这时，一个年龄大点的孩子问大家：“哎，你们说，天天干啥最好啊？”大家便争着叽喳，有的说“玩捉迷藏”，有的说“看小人书”，有的说“掏鸟窝”。末了，有个孩子说：“不对，天天都能吃一顿烩面，兜里还装个白馍上学，那才最好哩。”这念想，赢得了大家的一致赞同。

那个盼望天天吃面并带着馒头上学的孩子，就是我。

我曾经读过贾平凹早年写的一些诗，其中的一首，论诗才之显露，在贾诗中不算突出。但令我至今不忘的，恰恰是这首：

题三中全会以前

在中国
每个人遇着
都会问
吃了吗

诗题偏于“润色宏业”，多少不无趋时之嫌，如果易为《中国人》或《国画》之类，最是贴切不过。可是无论怎样说，还是不失为佳作，因为诗中所写，融入了包括作者在内的亿万中国老百姓的生存记忆——在每个中国人的一生中，“吃了吗”这句话，说了听了成千上万次。

1993 年清明节，我在老家的外公坟前化完纸钱，感慨不止，遂有一首新韵七绝：“凄然化纸忆饥寒，四海农人活口难。

坡上坟中多饿鬼，村前社鼓颂韶山。”我这样“哀民生之多艰”，没有污蔑“新社会”的意思，而是实话实说。如果视域再展开一些，还可以说千百年来，埋葬在九州大地上的父老乡亲，至少一小半是饿死鬼。因此对于饥饿的忍受和抗争，也就构成了中华民族历史的主线之一。

随便拎出几位古代诗人笔下的饥饿记录、死亡报告：

白骨露于野，千里无鸡鸣。——曹　操

出门无所见，白骨蔽平原。——王　粲

饥来驱我去，不知竟何之。——陶渊明

入门闻号啕，幼子饥已卒。——杜　甫

四海无闲田，农夫犹饿死。——李　绅

所以，“野有饿殍”“人相食”“易子而食”“饥民遍野”之类记载，史不绝书；所以，中国老百姓最大的幸福，是不饿肚子。所以，“精打细算”“勤俭节用”“饱时忆饥”“一粥一饭，当思来之不易”等等，常被中国人写进“家训”之类；所以，中国共产党历史上最大的政治得分，是上世纪50年代初占全国人口一多半的新解放区的土地改革；所以，连毛泽东这样的浪漫主义诗人型的领袖，也不忘告诫人民“忙时吃干，闲时吃稀；不忙不闲，半干半稀”；所以，中国人民心目中最伟大的科学家，未必有某某、某某，却一定不会没有袁隆平先生。

但如今的情形，却是“事情正在起变化”。虽然小康了，但没有听过哪一任农业部长说过，中国的粮食问题已彻底解决。可是全国人民似乎都以为，饿肚子的事，只会在非洲发生，我们国家，哈，永远没那一说了。所以，三天一大宴，五天一小宴，是不在话下的。我们小区里的不少年轻人，已经不常在自己家里开灶了。小区外的大小酒店，一天到晚，很少有食客不盈门的时候。我的一位外国朋友说，无处不在盖高楼，无处不在吃酒席，是你们国家的特色。

但世上任何事情，过了头都不好。吃饭过头，尤其不好。吃饭过头的表现，主要有三：

其一，追求排场，造成铺张浪费。我当年结婚时，只办了两桌酒席，每席六十五元，客人都还满意。如今，说得过去的婚宴，每桌至少得一千元，还不包括酒水。至于官场拉扯、商务公关之类请吃、吃请，动辄一桌上万，是一点都不稀奇的。其实这种场合的吃，主要是吃环境和吃好酒。上好的饭菜，最终差不多喂了郊区的猪仔。

其二，疲于应酬，白白耽搁时间。赴宴一次，没有三个小时，绝对出不了酒店。而在这三个小时里，主要干的事情，便是没完没了的语言抚摸和被语言抚摸、没完没了的敬酒和被敬酒。即使像我这样身份卑微的人，也感到不胜其烦。那些名高位显者，更得频频起其尊臀，昂其尊手，几乎没有坐下动箸的空闲。

其三，吃出毛病，有害身体健康。我家有医生，她说，当下很多人身体上出的问题，来自“吃多了”导致的代谢不良。她还说，自尊自爱，首先要尊爱自己的身体；饕餮而食，身体不堪重负，就会报复它的主人；不要以为营养过剩，比营养不足好。

当吃饭不能给我们带来愉快，而成了我们的负担时，我们和饮食的关系就扭曲了。陕西柳青文学研究会在长安区召开“《创业史》发表六十周年纪念会”，我也去了。副会长董颖夫先生对我说，现在的各种会，“皮厚瓤少”。这“皮”，主要是吃饭，因为开会的内容、过程，较吃饭的讲究，要简单得多。我说，的确如此。

董兄的话，令我想起了钱锺书散文《吃饭》中的一段妙议：“吃饭有时很像结婚，名义上最主要的东西，其实往往是附属品。吃讲究的饭事实上只是吃菜，正如讨阔佬的小姐，宗旨倒并不在女人。”

钱先生说得好，但吃饭形势的发展，实在太快了，钱文中的一句议论，用于说时下的“饭情”，已经有欠准确了，莫若改述如下：“如今吃讲究的饭，事实上既不是吃饭，也不是吃菜，吃什么呢？吃排场。当然也有‘格物致知’之获：何谓舍本逐末、买椟还珠，满可以在饭桌上体验。”

小时候家里穷，几乎天天吃棒子面粥——我们那儿叫“糊汤”。只有逢年过节时，才可以放开肚皮吃面条和米饭。我祖父曾经说过：“娃呀，世上的好吃食，麦、米也就算到顶了。”我祖父还说过：“能把富日子当穷日子过，才不是败家子。”四十年过去了，但祖父的这几句话，我还记得清清楚楚。90年代以后，我就可以餐餐吃麦面食白米了，所以感到生活好得很。岂止是好得很，简直是无比幸福了。而今的中国，已迈入小康时代、和谐社会。别人怎样吃喝，我没有权利干涉，也干涉不了，我只想吃一碗面。

身体的尊严

儿子读大二时，我对他说：“如果有中意的女孩子，也可以处一处。但我得告诫你，谈恋爱可以，却不可以在有些事儿上随便。”儿子说：“我知道你说的啥意思，这个我能做到。不过，现在的一些女大学生，真的很随便，包括和校外的人随便。”问：“是吗？”答：“不用‘是吗’，压根儿就是的。”第二天，我的两个研究生来汇报论文，因为都是男生，我就问儿子昨天说的是否属实，他们说：“是这样的呀，有的女生还讲，没钱了，就用身体去有钱人那里‘充卡’。她们的另一面，您是不了解的。”

耳闻这样的话，心里的确不是滋味，想到了很多。

我上大学时，在图书馆里的一本很旧的书上见到这样的说法：全世界的妓女，都只和男人上床，而绝不允许他们亲吻她。那是一本什么书，现在已不记得了。那时不更事，只是觉得这说法蛮有意思。但后来明白了：妓女也是人，有着和其他社会群体相同的尊严感。她们因各种原因出卖色相，味蕾也许是她们仅存的尊严区。如果连这一区域也任由男人侵犯，她们的尊严就全部沦陷了。

玛格丽特的嘴唇，是留给阿尔芒的；杜十娘的嘴唇，是留给李甲的。

人活着是有尊严的，包括身体尊严。没有尊严的身体，不属于人类。在我看来，人的身体尊严，并非由乎宗教、道德，而源自天性。这一基本事实，从对小孩子的观察中便可以认定：小孩在可以走步的时候，常常会躲闪他（她）所不喜欢的大人，尤其拒斥被他们抚摸。

从某种意义上说，身体的尊严，是人类最本真的尊严——如果我的身体都不能由我做主，我便没有完全的尊严，或完全没有尊严。有尊严的身体，是可以奉献的，但只能献给最爱的人，或献给真理、正义、国家、民族。在一般情况下，“灵与肉”是一个整体，只有在特殊的情况下，才可以暂时分开，比如西施荐枕席于夫差时。西施女士是一位敢作敢为的特工，对于自己国家的利益和尊严，负有至大的使命。

历代的《列女传》中，记载过许多令人无比感慨的事情。不要贴标签地认为，那些贞女烈妇，都是“饿死事小，失节事大”观念的牺牲品。一部分是，绝不全是。其中不少女性的贞烈壮举——当然是壮举，是为了捍卫身体的尊严——她们不能接受男人对她们身体的强行占有。这样的壮举，和礼教什么的无关。

男性的身体尊严感，总体上较女性弱些。但形成这种差别，不是因为本性之异，而由乎社会角色的强弱不同所致：父系社会代替母系社会以后至今，在两性关系中，男性始终具有支配优势，因而身体尊严的受损率，远低于女性。

身体尊严的被伤害，是人生最大的痛苦之一。对于这种痛苦的反应，没有男女之别，只有个体差异。明白了这一点，就能体会卞和被断脚后的叹息：“吾非悲刖也，悲夫宝玉而题之以石，贞士而名之以诳，此吾之所以悲也。”也能理解司马迁身体蒙受大辱后的泣血锥心之语：“是以肠一日而九回，居则忽忽若有所亡，出则不知所如往。每念斯耻，汗未尝不发背沾衣也！”

太史公“以口语遇此祸，重为乡党所笑”，是因为“锻炼”他的汉武帝及其左右深知，绕过一个人身体而欲整垮他（她）的精神世界，事实上是很难办到的。只有先整垮其“肉”，才可能整垮其“灵”。古往今来，那些整人的人，都晓得这个“道理”。只是司马迁这个人，由于怀揣“欲以究天人之际，通古今之变，成一家之言”的大志向，因而意志力超常顽韧，才能够从大辱中挺过来。

“文革”中很多人自杀，并非因为受到了过度的口诛笔伐——在“文革”之前的各种“运动”中，他们也没少被过度地口诛笔伐过。导致他们自杀的直接原因，是无法忍受身体凌辱。一位长辈告诉我，当时的“革命”气氛虽很吓人，但仅仅群起“揭露某某罪行”、呼喊“打倒某某”口号，是不足以使其“自绝于人民”的。可是一旦变“口辱”为剃阴阳头、戴高帽子、坐喷气式之类“身辱”，出人命的事就很难避免了。由此亦可见出，侮辱的效果，并不由施辱者单方面掌握，而主要取决于被辱者的感受。自杀未必是尊严的失而复得，却一定是受辱的主动终止。

所以，最有效的辱人，是对身体的“活辱”。可是“死辱”，中国历史上也屡屡发生过，如伍子胥鞭尸楚平王。但这不仅不人道，还显出了自欺欺人的愚蠢。

人没有了身体，就什么也没有了。有身体而少健康，是不幸的。有身体而无身体尊严，是大不幸。至于用身体自取辱而不以为辱，则是孟子说的“无耻之耻”了。比如，缺钱时，竟然用身体去有钱人那里“充卡”。

《政府工作报告》中曾指出，要让人民过上体面的、有尊严的生活。这个提法，实在是好。人民身体有尊严，也自是题中应有之义。我们每个人，都应该响应国家的倡导：护爱、捍卫自己的身体尊严，不侵犯、不伤害别人的身体尊严。

请托，请托

每年一二月份，各大学招收硕士研究生的考试紧锣密鼓举行。于是，各种请托不断。

每年三四月份，各大学面向艺术生的专业课考试陆续展开。于是，各种请托不断。

每年五六月份，各大学的博研、硕研复试、录取工作如火如荼。于是，各种请托不断。

每年七八月份，各大学的高考录取工作全面铺开。于是，各种请托不断。

每年九十月份，各大学开始布置推荐优秀本科生免试“读硕”的工作。于是，各种请托不断。

…………

请托，请托，没完没了的请托。找你的人，都有曲曲折折的来路，你躲不开，挡不住。你得努力压抑着抵触的心情赔人家笑脸，你得尽量爽快地答应人家：“尽力吧，尽力吧。”你要是表现出反感或应付态度，人家就会怀疑你是伪君子，撇官腔；或断定你很贪婪，想要钱；或认为你很迂腐，没球用。总而言之，你就把一大串人得罪了。所以，尽管你对这事十分厌恶，十分苦恼，你由衷地感到你的职业尊严遭到了人情的损害，行业规则的严肃性面临着打折的危险，但却无可奈何。

因为你是中国人，你生活在一个人情社会里。

这是我的感受。而我，不过一介身份卑微的教学管理者。那些比我职位高、权力大的人，多得去了。他们中的很多，一定比我更厌烦这些烂事。

我就没有为自己的事或亲朋好友的事儿请托过别人吗？有过，只是都发生在近些年，并且深感别扭、愧疚——请托中时而“主体”、时而“客体”的角色转换，是我作为社会人滑稽的一面。在这种事情上，我不能撒谎，更不可以为自己开脱，无论我当时怎样不得已。

但过去的情形并非如此。我考大学，父母没有请托过任何人；我读大学四年，未在班上见过任何请托事；我留校工作的全过程，和请托全无相干；我参加工作后，做过四年学生辅导员，经历过的请托事，大概只有三四起，且都是有关困难补助的。

更早些时候，情形尤其不是这样。前天，张华、任广田两位教授在我家聊天。张先生说，1946 年，作家宗璞女士考大学，第一志愿报了清华外语系，但因为分数不够线，校方未予录取。有人问宗璞：“你爸爸是院长，就不能通融一下？”宗璞说：“我考学，和我爸做院长有什么关系？别说我，梅祖芬也没考上呀。”宗璞的父亲，乃大名鼎鼎的冯友兰，时任清华文学院院长兼哲学系主任；梅祖芬的老爸，则是清华校长梅贻琦。稍后，宗璞被南开大学按第二志愿录取，在外语系念了一年，1947 年才以同等学力考上了清华外语系二年级。梅祖芬则在清华的先修班读了一年，次年考入外语系一年级。与宗璞、梅祖芬同“待遇”的，还有清华教授梁思成、林徽因的女儿梁再冰。当时，梁先生也是系级领导——建筑学系主任。林徽因对女儿的资质和学业很了解，不大相信考分不够本校录取线，校方便把卷子调出来给她看，林教授阅后表示，应该如此。这些校、院领导和名教授的子女，在投考家长供职的本校时，丝毫得不到特殊照顾。

几十年前，如果在升学、考试、就业等事情中，父母、亲朋背着儿女请托于执事者，儿女会深以为耻。现在，不主动要求父母、长辈找门子的儿女，反倒不多了。而在任何一所大、中、小学甚至幼儿园里，都不乏主动或被动配合种种请托的“教职员工”。其中个别人，竟能把这类事做成你情我愿、一般也不会“翻把”的生意。

怎么就成了这个样子呢？我深为我的行业难过，因为我的行业，承担着传道授业、教书育人的社会责任。我为我的国家难过，因为我的国家，有至少近三千年崇尚遵守规矩、讲究秉公办事的传统。

当然，行请托之事者，并不都因为有请托癖。很多人请托，是因为安全感——你不请托，别人请托，你就可能吃亏，甚至吃大亏。有位先生前天来找我，央我替他请托我的同学关照他的参加艺术专业面试的女儿，便出于此故。我说，你的孩子很优秀，成绩绝不会低的，又何必多此一举？答曰：如果不止一位考官认为咱不懂事，没把人家搁住，甚至作想：“牛皮啥呢？你孩子学得好又能咋？”那样，我娃不就惨咧？

行业风气、社会风气，是典型的系统现象。由要素之间的联系而形成整体，是系统最基本的特性。就像一堆齿轮、发条、指针随意放在一起，并不能构成钟表。如果按一定的方式装配起来，钟表系统便形成了。因而，倘若一个零件出了问题，这只表的走时就不可能准确了。请托泛滥的结果，便是行业之表、社会之表，都以走时不准的形态存在着。

这样的情形，大多数中国人都明白，只是见惯不怪，懒得说它罢了。

但仍有不少中国人，不仅忧虑着、抱怨着，而且抵制着、抗争着。中央音乐学院的宋飞教授，就是其中的一位。几年前，她勇敢地站出来，直揭招生考试中的由请托而逐渐演化成的人情黑幕。此前，我只是倾倒于她的艺术才华；此后，更敬重了她的职业人格。

写到这里，突然想起了鲁迅论奴隶和奴才的话：

> 自己明知道是奴隶，打熬着，并且不平着，挣扎着，一面“意图”挣脱以至实行挣脱，即使暂时失败，还是套上了镣铐罢，他却不过是单单的奴隶。如果从奴隶生活中寻出“美”来，赞叹，抚摩，陶醉，那可简直是万劫不复的奴才了，他使自己和别人永远安住于这生活。

也许会有人认为，我如此联想，有点儿上纲上线了。其实，我想说的只是，正如奴隶过了底线便滑到了奴才方阵里一样，如果我们对待请托的态度，不是反感而是顺应，“安住于这生活”，甚至羡慕那些精于此道者，我们也便沦为了病态世风的奴才。

像宋飞那样的勇士，不仅自己正道直行，而且能够无畏地向不正之风施以杀伐，一般的教育工作者不易做到。我承认，我也不大能做到。但如果我们还没有丧失良知——恻隐之心、羞恶之心、恭敬之心、是非之心，起码应该做到独善其身。我以为，这并非难事。

如何独善其身呢？在我最常用的办法是：一、尽量回避参与那些出题、阅卷、出任面试评委之类事情。你手里没有办事权，人家自然不找你；二、“阴奉”之而“阳违”之，一把尺子量到底对人对事，决不让那些不屑于请托或欲请托而无门的人吃亏。相对而言，后一法更适合如今的“国情”。

如果“铁面无私”到包拯的程度，你就会被当下的中国人冷待、排斥，直至边缘化为“孤家寡人”；可是，如果没有职业尊严、公共立场，你便不配称作有良知的读书人。

有多少文章可以不发

每晚睡觉前看一会儿名家诗文集，在我是一种自以为不错的习惯。最近一二周，临觉前读的是刘持生先生的《持盦诗》，西北大学出版社 1986 年版，定价一元六角。

还在二十年前，我就翻览过这部诗集，因此准确地说，这次阅读，算是复读、细读。《持盦诗》只有一百零八页，收诗仅一百九十多篇，却深得宋诗神髓，法度严谨，蕴意精胜，用典深切，格调高雅。我多年间写的诗，大多"崇唐"，有时也想泛舟宋湖来着，然颇觉不易，故而很想从刘先生的诗作中，得到一些具体的教诲、引领。

读完《持盦诗》，收获的确匪小，兹不赘述。这里只想说的是，我由咀嚼刘先生的诗，追忆刘先生一生的治学历程，比照当下的许多事儿，心头涌起一些别样滋味。

刘持生先生（1914—1984 年），甘肃文县人，中国古代文学研究专家、诗人，1939 年毕业于中央大学中国文学系，终生执教高校，逝世前为西北大学中文系教授。

刘先生之于我，是老师的老师。我十七岁考入西大时，先生六十八岁，并不算很年迈，但身体已数年欠佳，不能为本科生授课，三年后便病故了。我只见过先生的照片，还不甚清晰。有关先生博闻强识的趣闻逸事，倒是听过不少。

刘先生学问之大，在学界是公认的，有多篇出自同行大家和刘先生门人弟子的文章为证。去年，我读到西大校友、著名学者何西来先生的《追念钱锺书先生》一文，其中有这样的文字：“最早知道钱锺书先生学问的博洽渊深，是从西北大学刘持生教授口里……他是当时我们中文系大家公认的博闻强记的老师，但他说，他的学问比起钱锺书教授来，简直不足挂齿……我们崇拜刘老师，被我们崇拜的刘老师崇拜的人，当然更会让我们崇拜。”可是，我也曾听我的业师、何西来先生的同学赵俊玠教授说过：1979年，钱锺书先生的巨著《管锥编》出版后，迅即享誉海内外学界。刘先生阅罢言道：“确实写得很好。不过，这样的书，我也能写。”我想，何、赵二位老师的话，都很真实，也不矛盾。简而言之，刘先生对钱先生的服气，与我们对钱先生的膜拜是不一样的。了解刘先生的人，决不会认为“我也能写”含有吹牛成分，因为吹牛的帽子，任谁也扣不到先生头上。多年间，系内外中青年教师做学问，遇到中国古代文史方面解决不了的难题，都会想到向刘先生求援。如果连刘先生也没辙，就可以暂时搁下了。

当年，刘先生在中央大学修业时，接受过严格、完整的专业训练，学问、诗才，并颖出同门，受到胡小石、汪辟疆等名师的嘉赏。因此毕业不数年，就受聘为大学教授了，其时，先生还不到三十岁。那时候各大学聘任教授，惟重真才实学，受聘者一概无须填什么教学、科研考核表，更不必明里、暗里给掌权者和评委们打招呼。

然而，刘先生虽毕生从教、治学，桃李满门，却极少示人以学术成果。程千帆先生说："持生秉性纯笃，为学一本师法，不轻著述。"讲得很准确：不轻著述，即并非不著述，而是不为率尔操觚、缺少"干货"的文字。据我所知，先生公开发表过的学术论文，总共加起来，怎样也超不过五篇。其专著《先秦两汉文学史稿》，以及这部文学创作性质的《持盦诗》，都出版于先生谢世之后，且并非由乎遵照先生本愿。

我很早就拜读过的刘先生的《三百篇分类的时代意义》《陶渊明其人及其诗》，均发表于上世纪 50 年代的《人文杂志》。这两篇见识精到、论证细密的论文，都显示着让人心服的深厚学养。据说此二文，要不是当时校系领导和同事们一再动员，先生是不会拿出来的。

刘先生一生，绝不过问政治，也绝不卷入无谓的俗务之争，称得上一介纯粹书生、学者、文人。先生的著述不丰，固然与恬然自适、淡泊名利的性情有关，但更与"板凳须坐一生冷，文章不写半句空"的学风自律有关。

刘先生已经谢世十七年了。十七年间，中国教育界尤其是高等教育界的教书育人情形、学术研究状况等，发生了先生那代人绝对想象不到的变化。我不止一次地听到过系上老师的感慨："拿现在的情形说，刘先生品格再好、学问再大，连年不发论文、不报课题、不出专著，肯定连个讲师也评不上。"

"现在的情形"，的确如此。这说明了什么？

系上刘先生的弟子和再传弟子们，包括我在内，发表的论文和出版的书，个个都比刘先生的数量大。可是，真正不是为评职晋级、应付考核、挣些稿费、博点名声而捣弄出来的，而是确有学术含金量的、真有优质人文品格的、能惠泽读者多且久的，如张西堂先生的《诗经六论》、傅庚生先生的《中国文学欣赏举隅》、刘持生先生的《持盦诗》者，又有多少？

有司统计过，2007 年，中国科技人员发表的期刊论文为 7.82 万篇，占世界论文总数的 19.6%，首次超过美国，居世界第一。此后几年，数字还有所上升。但谁都知道，这是自欺欺人的、缺乏质量信度的“第一”。

有一次，我揶揄地说：“现在各大学术期刊上登载的论文，许多也就只有一个读者，即作者自己。”立刻有同事纠正：“不对，有的时候，连一个读者也没有，因为作者自己也不看。”

既然如此，我们为什么不想想：有多少胡乱拼凑、花钱买版面的“学术论文”可以不发表？有多少粗制滥造、用科研经费贴补的“学术专著”可以不出版？有多少花纳税人血汗钱的“学术项目”可以不开题？有多少冠以“高层论坛”的“学术研讨会”可以不举办？

如果把话题扩展到更为广阔的社会领域，还有更多的“可以不”应该具列于此——

有多少公款饭局可以不赴？

有多少出国考察可以不去？

有多少行业庆典可以不搞？

有多少面子工程可以不建？

有多少花哨奖项可以不设？

…………

大学给了我们什么

三十年前的初秋，公元 1981 年 9 月，秋雨淅淅沥沥的日子，三十九个平均年龄十八岁的男女生，因为高考后填报了相同的志愿，从四面八方会聚于西北大学，成为中文系汉语言文学专业新生。三十年后的初秋，公元 2011 年 10 月，又是秋雨淅淅沥沥的日子，因为同一首歌般的相约，我们自四面八方重聚母校。

李浩学兄的序文、魏尧同学的随笔，不约而同地说，西大是我们曾经的“驿站”。一点没错，青春的驿站、成长的驿站，乃母校和学子关系的“天下通则”。世上没有任何一处驿站是旅者的久留之地，否则它就不是驿站了。

尽管我们的母校不只西大一所，还有小学、中学等；尽管西大四年之后，我们中的多数从这里分赴四面八方，踏上了新的人生之旅；尽管我们工作以后，在很多平台上摸爬过顺逆过哭过笑过，其中一些同学还在别的高校进修过深造过读硕攻博过。然而任何一个地方一处驿站一所富贵乡一片温柔地，都不能像西大这样让我们说不完道不尽绵长思忆魂牵梦绕。为什么在离开西大以后的岁月里，我们频频临睨旧驿、屡屡故地重游？ 为什么一回到母校，我们的大多已经做了大学生母亲的七仙女就成了爱哥哥的枕霞旧友？ 而三十二个两鬓杂花生树的“老夫”们更是立马狂奴故态复萌把盏闹腾到昏天黑地？

西大四年给了我们什么？ 汉语言文学给了我们什么？

窃以为，西大中文系的四年就读，改变了我们和生活的关系，奠定了我们进入社会前的“先人格结构”。

南开大学前校长张伯苓先生有言：“大学是造就完全人格之所。”我深以为是。 张先生说的“完全人格”，大抵指一个人足以在社会上自立的能力和品格。 构成“完全人格”的，主要包括两个方面：基本完善的文化知识谱系；基本坚定的文化精神立场。

我们的“完全人格”建设，不就是在母校西大完成的吗？

西大中文系让我们知道，比《三侠五义》《艳阳天》《我的大学》优秀的中外文学作品，还有很多很多。 西大中文系让我们明白，在综合文学指数和美学气象上，《红楼梦》究竟比《水浒传》高出多少。

如果不曾就读西大中文系，也许我们都能答出屈原的代表作是《离骚》，却未必理解“朝饮木兰之坠露兮，夕餐秋菊之落英”的精神内涵。 如果不曾就读西大中文系，我们只会称杜甫“诗圣”，却说不出“圣”在何处。 如果不曾就读西大中文系，我们不会知道什么是“福斯塔夫式背景”，什么是“物质生产的发展同艺术生产的不平衡关系”。

如果不曾就读西大中文系，十九岁的清纯女子张艳茜能在课堂上发出“鲁迅对朱安公平吗”的诘问并得到同学们的强烈共鸣吗？如果不曾就读西大中文系，来自兴平的贺群社能在二十岁时就写出漂亮的意识流小说吗？ 如果不曾就读西大中文系，来自周至的丁科民能在二十二岁时写出《伟大的中国农民时代的结束》那样有分量的毕业论文吗？ 如果不曾就读西大中文系，来自合阳的姚敏杰能说出“和奥勃洛摩夫相比，我更喜欢堂吉诃德”那样有识见的话吗？

如果不曾就读西大中文系，来自神木市的王振华就不会由醉心钻研“文学社会学”转而醉心琢磨社会管理，终在大四时立下“让家乡与世界接轨”的雄心壮志。 离开母校二十七年了，清廉为政的王振华，职官并没有做多大，却在几个县域的闾里百姓那里留下了悬鱼令声。 而他 2007 年一次闲谈中的几句话，令我感动至今并为我们有这样的同学而骄傲：“我大学毕业时的民生理想，现在都实现了。 因此个人的仕途升迁，已经不重要了。”我想，也许只有中文系毕业的从政者，才会有这样的心境。

我甚至想，如果不曾就读西大中文系，不曾从学习马列文论课程而逐渐沉迷于读解马克思主义元典，我们班的老大姜铭同学就不可能有那么强烈的天下情怀，更不可能在分配到中央某部工作以后的岁月里，经年吃力不讨好地孜孜探讨“东西方社会形态发展比较”这样重大的学术问题。 以我的了解，姜兄对世界的感受、观察和评判的方式，对人、对事、对工作的措理态度，始终带有文学专业学生的精神主体性：不只是现实主义的，更是理想主义的；不只是实用的，更是审美的。 于是纠结不免，郁闷难去。 我常由姜兄想到袁枚《祭妹文》中的感慨：“呜呼！ 使汝不识诗书，或未必艰贞若是。”

所以，在写给我们的班主任张孝评先生的信里，我有过这样的回顾和汇报：

我们八一级同学的小学和初中阶段，因为适逢以“交白卷”“反潮流”为时尚的“文革”后期，基本上没有学到什么知识，接受的价值观，也基本上囿于庸俗社会学范围。上了高中，才赶上了“抓纲治国”“拨乱反正”，可以正常地接受基本教育了。我就是在那个时候，喜欢上了文学并报考了西大。就读西大那几年，正值大陆文学、学术欣欣向荣的时段。上升的社会气象、良好的校园文化氛围等，都让我们赶上了。十七岁由商县中学考入西大时，不仅未闻过弥尔顿、惠特曼是谁，不知道世上还有《围城》《百年孤独》那样的才子书，甚至以为美学是一门有关绘画艺术和着装技巧的学问。四年以后，却可以撰写文学论文、参与文学辩论、开办文学讲座了。

但比这些更重要的，是上了一回中文系，在汉语言文学专业接受了四年正规训练，得到了诸位良师的引领指教，阅读了相当数量的中外名著，逼仄的视域得以极大拓宽，卑怯的心性得到了一再的提升，在人文主义层面上懂得了如何爱世界，爱生命，守道义，守良知，有了叩问、怀疑的勇气和省思能力，暗誓永葆一颗自尊、守正、容让、悲悯的文君子之心。堪可自慰的是，文学的诸多有益元素，毕竟早已植入了骨血，因此工作以来的二十七年间，尽管世道日益窳败，但没有干过或附和过丑恶、邪恶的事体。偶尔的卑下乃至卑污的欲念，亦得到了来自文学精神的有力抵制。这就是大学教育的力量，也是受汉文专业四载“熏浸提刺”的结果。我想，我的同学们在西大的青春收获，也与不佞大致不二。

我们隆重举行中文系八一级三十年班庆活动，编辑出版这个题材不拘一格的随笔集，都由乎上述深切感受与深挚情结。收入本书的文字，无论篇幅长短，无论文风庄谐，都透散着我们三十九个人的体温与气息，传递着学子对于母校的一往情深，承载着浓得化不开的同门之情。

周燕芬和韩杰应正在一遍又一遍地发布班委会公告，张艳茜和张田德已经设计好了《八一集》版式，黄霞辉和郭建慧已经订好了机票，周东华和朱伟胜正在“阳谋”晚会主持词，王怀成正在准备要酷毙了我们的贯口，杨立川正在构思楼梯体长诗《母校欢迎你》，刘丰已将花名册装在黄帆布书包里，王小春的中文八一集结号已经吹响……

八一级！ 八一集！ 2011 年 10 月 3 日，让我们开始倒计时……

（西北大学中文系 1981 级随笔集《八一集》卷首语）

畸人乘真，窅然空纵

——陈州西岳登顶赞辞

第一次攀登西岳，是在 1982 年初夏，搭顺车东来，扒煤车西返。那时虽是穷学生，却向往“兴酣落笔摇五岳，诗成笑傲凌沧洲”的洒落人生。不知不觉间“误落尘网中，一去三十年”，青山依旧在，人已入初秋。尤其近年来体力下降明显，登高成了奢望。但对于这座名山的景仰之情，一直积岁如一焉。

看了残疾青年陈州西岳登顶的报道，很受感动更很有触动。陈州夫妻相拥南峰、喜极而泣的视频画面，尤其让我忍不住地流泪。在我这个年龄，除非遇到重大的家国之变，流泪是不太容易的。

“没有比脚更长的路，没有比人更高的山。”这是汪国真先生的诗句。陈州是没有腿脚的残疾人，却为这两句诗作了最精到的注释。

我想到了高士其、吴运铎、张海迪、史铁生等残疾英雄。陈州的事功、名气，固然不足以与这些名人相提并论，但就精神生命的格局和气象而言，是一样壮美的。陈州的华山登顶，还是一面镜子，反照了我自己几十年的人生历程的庸常。没有双腿的陈州，创造了一个令常人不能想象的奇迹。我虽是肢体上的健全人，可是精神的双腿，未必总是健壮的。庞进先生称道陈州是“无腿千里马，英雄人中龙”，我完全赞同。

陈州的华山登顶，至少给予我们两点积极启示。

第一是畸人侔天精神。“畸人”一词出自《庄子·内篇·大宗师》：“畸人者，畸于人而侔于天。”畸人的畸，不是身体畸形怪状之谓，而是指志行独特、不随流俗，即一方面“不耦于俗”，另一方面却又能“侔于天”。陆游说“畸人无俗情”，便道出了畸人的精神向度。“侔于天”就是能够与天地精神相通。而天地精神之最不可轻忽、最通于人道者，正是“天行健，君子以自强不息。地势坤，君子以厚德载物”。陈州多年来自尊自强、不向命运低头、靠顽韧劲头打造美好生活的行走姿态，陈州用 19 小时征服西岳奇险的壮举，陈州作为丈夫、父亲的对于妻子、儿女的挚爱，陈州对于社会公益事业的积极参与，陈州以义演帮助挑夫的善行等等，都是对这种精神的体认与践行。

第二是脚踏实地精神。我曾写过一篇短文，题目是《回到常识》，意在强调我们为人做事，倡言与时俱进、敢想敢说、开拓创新等，自是相当重要和必要，但循守人类千百年来累积起来的基本生活经验与认识，同样相当重要和必要。凡事都要从大处着眼，而又能从小处做起，即是基本经验之一。陈州的这次登山，决非好高骛远、异想天开的逞强蛮干，而是周全筹划、充分准备，临事而惧、好谋而成的勇毅之旅。我们来到世间，天资有高低之别，境遇有顺逆之异，但只要自秉心理定力，一步一个脚印地前行，就能渐近佳境。即使功亏一篑，也是不屈志意、尽态极妍的进取者。正如王安石所言：“尽吾志而不能至者，可以无悔矣。”陈州登岳成功了，我们敬佩他；即使不成功，我们同样敬佩他。

行文至此，又想起了清人彭端淑写给子侄的寓言《蜀鄙二僧》的议论：“西蜀之去南海，不知几千里也，僧富者不能至而贫者至焉。人之立志，顾不如蜀鄙之僧哉？是故聪与敏，可恃而不可恃也；自恃其聪与敏而不学者，自败者也。昏与庸，可限而不可限也；不自限其昏与庸而力学不倦者，自力者也。”在我眼里，陈州就是当代的“蜀之贫僧”——精神定力的富裕者和踏实前行的坚韧不拔之士。

司空图《二十四诗品·高古》云：“畸人乘真，手把芙蓉。泛彼浩劫，窅然空纵。”前贤对前两句的释解很到位：“谓畸人乘其真气而上升也。”至于后两句，朴素简明的理解，就是超越苦难与俗常，走向自为与自由。我把这几句话转送给陈州，愿他永葆生命真气，谱写更精彩的人生华章，攀升更壮美的人生高度。

嘉名有道矣

前天一大早，作家方文慧公——方英文学兄在微博上晒出爱孙方域清的照片多张，并附文略记孩子天真活泼之表现。方域清出生才四十来天，正开始感知世界的五声六色。方英文由此慨叹：“欲知江河源头之潺湲纯净，细观婴儿可矣。”众博友纷纷留言，分享方家弄璋之喜。英文回复一博友：“家家婴儿都可爱，条条源头皆清澈。所谓‘成长’，不过是‘污染’的过程，人力难遏啊。”

我被方文慧公触动，立马发去评论：“含饴弄孙、观婴悟道，老子生活方式也，无愧楚人之后。令孙嘉名‘域清’，不逊‘正则’之期！”

“方域清”这个名字，大约——不，肯定是他祖父——方文慧公起的，修辞双关而寓意宏远：“方域”既可指方家生活气场，又可指国家社会环境。“清”者，纯净无杂质之谓也。清正、清明、清澈、清净、清新、清雅、清朗、清介、清白、清廉、清爽、清高、清闲、清和、清通、清泰、清幽、清谧、清绮、清识、清操、清望、清流、眉清目秀、冰清玉洁、神清气爽、清新俊逸、清风明月、河清海晏、水木清华……无论哪一样的“清”，都是自然界和人类社会里的最美的质地、面貌、品格。即便“清贫”“清苦”“清寒”“清寂”等等，也只属于陶渊明、杜甫、吴敬梓、曹雪芹一类守道有节之士，没有人愿意用来为胡踢腾倒了光景的败家子写照。

方家原籍湖北，百年前迁居陕南镇安。那地方我去过，称得上世外桃源，至今依然山清水秀，纤尘不染。方家素有嘉名传统：方英文祖父名“朗然”——清澈明亮；父亲名“周琰”——完整的美玉；儿子单名“韵”——风致谐美。方朗然——方周琰——方英文——方韵——方域清，堪称一门无俗字，五代有嘉名。所以我忍不住为方家献上一首七绝：“嘉名君府慕高标，耕读南山继楚骚。蕴义光昌不虚美，良风世代育人豪。”方英文反应快，旋即报李：“‘卫平’二字，意为我朝第一擎天柱，故建议废弃笔名。”这个趣解谑说，直让我笑翻了。我要是真以“卫平”为天职，十一届三中全会以后，就该“卫平”了。而凡是名字带“卫”的人，如“卫东”“卫民”“卫涛”们，都曾是“擎天柱”哩。料定我的父母和“卫”族的父母们，当初命名子女，都不曾有过这般期许。

但父母之于子女，期许总是有的，只是各由其衷而已。我妈就告诉过我，她怀我的时候，常常默想：说不定此儿将来能做个大官呢。祖母比母亲务实得多，经常鼓励上小学的我：“我娃可要好好念书，将来当个脱产干部。”我奶和我妈的俗望，来自中国光宗耀祖、封妻荫子的官本位传统。我上初中时，学校规模甚小，业师仅有六位，而其中三位的名字，竟都“价值取向”趋同：教语文课的杨老师大名“官侃”——为官正直；讲政治课的陈老师大名“登朝”——位列上卿；上理化课的刘老师大名“录举”——考中举人。无不体现着“官念”的深入闾里。

我的名字，倒和“官念”无涉。本名“刘卫平”，登记在户籍本上，从小用到现在，并还会用到老死。笔名“刘炜评”，启用于三十岁之后。现在，认识刘炜评的人不少，知道刘炜评就是刘卫平的，除了亲友和同事，已经不多了。

其实“刘小平”才是我的第一个名字。前些年回老家，还有耄耋长辈叫我“小平”来着。

刘家是商州地方上的土著大族，迄今人口已繁衍到六七万。郡望不好坐实，或云“彭城刘氏”，或谓“弘农刘氏”，多少都有些攀高结贵嫌疑，不必当真了。去年夏天，我请业师费秉勋教授为老家新居题匾“宽坪刘氏”，因为近百年来，我家四代人居住于此。父亲见了说：“应为‘潘河刘氏’才准确——你爷是从那里搬到北宽坪的。”宽坪也好，潘河也罢，都是晚清以降祖辈生息过的山坳。1949 年以前，族庙祭祀有常，族谱昭穆秩然。从我这辈往上的八代，排行依次是“实、学、全、清、文、智、兴”。我祖父名刘文义，父亲名刘智华，曾祖父和高祖父的大名，我不甚清楚。按这个排行，我和同辈分的刘门子弟，应该起名“刘兴某”才是。但我们“生在新中国，长在红旗下”，族庙被毁了，族谱不用了，名字也就开始乱起了。我父母虽受过教育，没有给我起土气的名字，如“霸槽”“狗娃”“六斤”“鼍朊（mú dǔ，关中方言）”“钻灶”“满囤”“旺财”等等——这都是我中小学同学的名字，但名我刘小平，大概也没有什么讲究，一定要“释义”，可以说成“从小平安”吧。

然而“小平”只叫了两三年，便被我妈改成“卫平”了。

1967年暑假，母亲去州城参加“教育革命学习班”，带着三岁的我。熟人见了面，总拿“小平”之名逗趣。母亲心生不悦，便给我改名“卫平”了，并郑重地、反复地解释：“我儿子不叫小平，叫卫平——保卫世界和平！”刘小平从此成了刘卫平。

可是从上初中开始，我就不喜欢“刘卫平”，愈往后愈不喜欢。起先的原因，是嫌它缺乏形象感。我羡慕《语文》教材或课外读物上很多作家的名字：蒲松龄、茅盾、丁玲、冰心、魏巍、柳青、碧野、孙犁、曲波、田间、马识途……还有翻译过来的外国作家：雨果、雪莱、华兹华斯、惠特曼、夏洛蒂·勃朗特、罗曼·罗兰……都显得“有型”。后来的原因，是嫌它重名率太高。无论学生时代还是工作以后，我都见过太多和我同名的人。西北大学前团委书记叫“冯卫平”，我的一个学生叫“王卫平”，我的一个朋友的大姐叫“陈卫平”……而全国的“卫平”，何止成千上万？在大多数姓氏后边缀以“卫平”输入网页，立马会冒出一大片“卫平”来。南方有位与不佞同姓同名的小小说作家，经常发表佳作，某网站介绍“刘卫平”时，把人家的信息和我的一并打包展现，于是我沾这位仁兄的光，成了“学者型小说家”。

所以，第一次投稿，我就决定使用笔名。“炜评”、“商芝”（商山常见野菜之一，因“商山四皓”而出名）、“阳坡子”（我家地名“阳坡”）等等，都曾使用过。但用得最多的，还是“刘炜评”，并在近十年逐渐固定下来。曾有弟子问：“师父笔名何意？”笑答：“姓刘的光明磊落的批评家是也！”这个释义，不全是玩笑而多少表明着自勉自期。我还自取表字“允之”，也是“公正衡裁”的意思。

我的改名和使用笔名，过程约略如上。改名的事体，古今屡有。汉代大辞赋家司马长卿，因敬仰战国名相蔺相如，改名“相如”。明末清初大学问家顾炎武原名“绛”，因仰慕文天祥学生、宋末元初节士王炎午，改名“炎武”。现代“有学问的革命家”章太炎初名“炳麟”，又因仰慕顾炎武之风概，改名“绛”，别号“太炎”。同时代的革命家并书法家于右任原名于伯循，后改名“右任”以见反抗异族统治之志——盖“右任”谐音“右衽”，那是古代华夏族的服装样式，区别于胡人的“披发左衽”。许世友将军原名许仕友，“仕”出于族谱。参加红军后识字渐多，乃知“仕”的做官之意，与革命理想相悖，遂更名“士友”——战士之友。毛泽东闻之，再替他改为“世友”，因为“做世界之友更好嘛”。“文革”时期，钢琴家殷承宗改名“殷诚忠”，“文革”结束后又恢复了原名。作家贾平凹原名“贾平娃”，“平凹”本是笔名，后来成了本名。贾氏早年曾有解释：“娘呼‘平娃’，理想于通顺，我写‘平凹’，正视于崎岖，一字之改，音同形异，两代人心境可见也。”我的友人周晓陆教授幼名“小鹿”，少年后阅读陆游诗作，感奋崇拜至极，乃自易名“晓陆”。种种更易，都事出有因。

当代以前，中国人起名取字，是很讲究的。《左传》中记载过一个叫申儒的鲁国大夫的取名说。一曰“五有”（原则）：“有信、有义、有象、有假、有类。”二曰“六不”（避讳）：“不以国、不以官、不以山川、不以隐疾、不以畜牲、不以器币。”这说法大概不是一己之见，至少反映着春秋时期鲁国贵族起名的共识。为了不被方文慧公讥笑“掉书袋”，我就不做具体解释了。名与字，并不是同时取的。一般来说，昔人出生三个月后，由父亲取名；取字则要到行成人礼之时——男子行“冠礼”的二十岁，女子行“笄礼”的十五岁。字之义由名之义衍生而来，有同义互训的，如班固字孟坚，秦观字少游；有反义相对的，如韩愈字退之，朱熹字元晦；有意义延伸的，如陆羽字鸿渐，朱德字玉阶；有名前或名后加缀字的，如李白字太白，杜牧字牧之。此外的情形，比较少见，不好归类。如钱锺书原名仰先，字哲良，属于意义延伸的取法；后改名锺书，字默存，名与字的意义不甚关联，原因据说是钱氏年青时露才扬己，口无遮拦，故改字“默存”——沉默地活着。这活法也确实贯穿了钱氏大半生，尤其是鼎革以后。

现代及过去的文化人中的一部分，除名、字外，还有别称曰“号”或“别号”，大都是自个取的，因此最见心志或情趣。陶渊明自号“五柳先生”，李白自号“青莲居士”，陆游自号“放翁”，是人所共知的。“外号”“诨号”等，则是另外一回事。有的人的号，比名和字更广播，如大画家齐璜有好几个号，四海传开的是“白石”。起号之风兴于何时，已经难以考证。有人认为现当代作家的笔名是号的变种，也大致不错。2007年，我附庸风雅，自起别号“半通斋”，其中缘由，拙文《半通斋志》有交代。“半通”就是半通半不通，指的是学问，大实话也。谁说我没学问，我不服；谁说我学问“淹通”，我会羞得脸绿。

名、字、号的蕴意，大都是真善美的，能否真正引领一个人崇真、向善、爱美，却要看个人的修为。一个人平生嘉行如其嘉名，那是他（她）的正剧，也是父母的欣慰。如果某人的德行自辱嘉名，那是他（她）的讽刺喜剧，而不是嘉名的错。屈子名“平”，字“原”，《离骚》开篇写道：“帝高阳之苗裔兮，朕皇考曰伯庸。摄提贞于孟陬兮，惟庚寅吾以降。皇览揆余初度兮，肇锡余以嘉名：名余曰正则兮，字余曰灵均。”不仅强调自己出身“根正苗红”，出生的日子吉祥，更用隐语表明被父亲赐了“嘉名”的自豪感：公正而有法则，谓之“正则”，此即是“平”；高而平之地谓之“灵均”，这便是“原”。诗人一生“循绳墨而不颇”，“岂余心之可惩”，此其为名实相副之三闾大夫也。谢婉莹这个名字，女性美感十足，后来笔名“冰心”，义出唐人王昌龄诗句“一片冰心在玉壶”，寓意当然好极了。这位“世纪老人”一生的道德文章，与其嘉名相副：“她是一个有风骨的人，同时又是一个有爱心、有感情的人。”（温家宝语）“一代代的青年读到冰心的书，懂得了爱：爱星星、爱大海、爱祖国，爱一切美好的事物。”（巴金语）可是另外一些人的作为，亵渎了、讽刺了他们的嘉名。刘瑾并不是美玉，而是个纳贿自肥、恶贯满盈的阉竖；“严嵩”意即巍巍高山，但《明史》说他“无他才略，惟一意媚上，窃权罔利”，哪有“崇德效山”的样子？汪兆铭字季新，别号精卫，早年反清无畏，确有填海之勇，名重一时，诗也写得不是一般的好，最负盛名者，莫过于《被逮口占四绝》之三：“慷慨歌燕市，从容作楚囚。引刀成一快，不负少年头。”这么个青春时代的革命义士，晚年却做了汉奸头子。

今天是父亲节，我向我的父亲和天下人的父亲致敬。屈原父亲对儿子、方文慧公对孙儿的嘉名之赐，与世上所有的父亲心声相通。兹以苏洵短文《名二子说》结尾：

轮、辐、盖、轸，皆有职乎车，而轼独若无所为者。虽然，去轼，则吾未见其为完车也。轼乎，吾惧汝之不外饰也。天下之车，莫不由辙，而言车之功者，辙不与焉。虽然，车仆马毙而患亦不及辙。是辙者，善处乎祸福之间也。辙乎，吾知免矣。

世道人心的一面镜子

大前天上午，我在恸哭之后，写下七律《哭陈公忠实》：“忍看遗容对故人，此身恨不赎其身。 文章固解憎长寿，噩告犹惊闻早晨。 白鹿徘徊九霄远，哀衷隐约一书屯。 死生难报忘年义，他日对谁呼老陈?”

昨天上午，我在一宿不眠之后，写下白话诗《我诅咒这个早晨》：

守候每一个黎明
却诅咒这个早晨

我知道
云端上的你听不到
在这个早晨
四面八方的哭泣
淹没了白鹿原
因为你
一个抽雪茄写小说的人

呜呼人间何世
又见大树飘零
天若有情天亦老
非夫人之为恸而谁恸
在这个早晨
…………

哭悼过多少逝者
泪写过多少祭文
但在这个早晨
词汇如此贫乏
关于你
一个吃泡馍听秦腔的人

滋水呜咽
麦子停止了疯长
没有了你
原上原下四月天
还有美丽吗
五月的鲜花
又该送给谁

守候每一个黎明
却诅咒这个早晨

陈忠实离开我们了，死神没有放过他，但有《白鹿原》在，陈忠实就永远活在人间。然而事实上，《白鹿原》只是陈忠实遗产的一部分，和《白鹿原》分量相当甚或比这部垫枕之作分量更重的，是著者的厚度、宽度、高度兼而有之的精神人格。时间会证明，陈忠实的人格质地与辉光，将与《白鹿原》一起不朽，并且流播弥远。

陈忠实的去世，几乎牵动了整个社会的神经。千行百业的人们，自发地以各种方式哀悼他。前天中午，书法家周伯衍在电话里感慨："全国人都在哭陈！我还没有见过哪个当代作家的去世，曾引发文学圈以外如此普遍、如此真诚的缅怀。"我说："那是因为《白鹿原》的文学魅力和陈老师的人格魅力相加，赢得社会敬仰的公约数至大。没有任何组织的力量能够操作得出来这样的情景。"

在向陈忠实致哀这件事上，政府机构、社会团体和平民百姓态度相当一致，祭悼方式朴素而庄重。因此有人说，陈忠实的丧事，算是"备极哀荣"的最生动注脚。我知道，有人很希望如此，有人不大希望如此，有人很不希望如此，但都不能不承认，逝者是一个关中硬汉子、真正大写的文学巨子，其卓越事功，来自一念执守、正道直行、埋头苦干、拼命硬干。贾平凹的"关中正大人物，文坛扛鼎角色"之说，可谓对陈忠实道德文章、文化地位的最简练、最准确的评价。

悼念陈忠实的活动，也是鉴照世道人心的一面镜子，各式各样的脸面和灵魂，纷纷映现于这张镜面之上。

这两天，陆续阅读了很多悼念、回忆陈忠实的文字。我的整个身心和这些发自肺腑的泣血之作一起纠结，一起疼痛，一起温馨，一起悲凉。感谢作者们对于陈忠实的深情、对于文学的挚爱。他们是阎纲、萧云儒、王蓬、刘路、和谷、雷涛、贾平凹、马治权、邢小利、方英文、朱鸿、陈彦、吕学敏、刘泽宇、王锋……恕不一一列举。那些不止于描写逝者音容笑貌，抒泄哀痛，表达敬仰，更将笔触伸向陈公美好心灵深微处的叙议，尤其动人心弦、引人沉思。前天下午，我的一位学生对我说："朱鸿的《先生之正，馨必飘远》，真可谓画出了陈老师的魂魄。"我深以为是。昨天下午，从微信上读到一位友人对马治权《被饭局绑架了的陈忠实》的评价："这样的文章，升华了悼念的水准。"我深以为是。

而更让我感动复感慨的，是文学界以外的人们对于陈忠实的朴素而真挚的悲悼与缅思。今天早晨在樱花广场早餐，听到邻桌有几位农民模样的老者对话。一位说："陈忠实咋就殁了？才七十几嘛，比咱几个还小几岁。那人一辈子名声好。"另一位说："对社会有用的人，说走就走了，咱这没用的人倒活着，也替不下人家。"我止不住感动的眼泪，心里向老者脱帽致敬。他未必知道"百身莫赎"，但对于逝者的心情，与哭唱《黄鸟》的古代秦人何异？

李泉林作词、赵扬武演唱的秦腔《痛煞煞把名士一命陨亡》回肠荡气，既哀且壮，其撼天动地的悲剧力量，恰与陈忠实的人格气象相副，使听者无不为之动容。我止不住感动的眼泪，心里向戏曲艺术家脱帽致敬，因为他们祭悼、告慰陈公的独有方式，全然发自质朴本心。

前天，画家屈健教授微信询问十余年前的一桩事，我简约相告。昨天下午，屈君发来新作《灵鹫图》照片，随附《补画记》：“2002年，陈忠实先生花甲寿诞将至，西北大学文学院刘炜评副院长嘱余画《秃鹫》以为贺。我曾奉命成画。昨闻忠实先生病逝，悲痛弥膺。今晨想起此事，询于炜评兄。兄答：‘你当时问我取义，我说《百年孤独》作者马尔克斯尝言：“作家应当是为社会啄食腐肉的秃鹫。”故有此立意。但你说不好画，所以没有出品。’其实我当时不但画了，还固执得认真。至于画成后的去向，年久失忆。是否自觉不甚满意，自裁于襁褓之中？今大师仙化，恨憾何似？中午与邢小俊、王宜振、许令东诸友赴省作协祭奠归来，不胜唏嘘，遂补画《灵鹫图》以为陈公千秋！”我止不住感动的眼泪，心里向画家脱帽致敬。屈君虽与我同事多年，彼此尊重相善，却并非一线的朋友。他的补画之举，使我看到了其人灵窍深处丰盈细微的情波义澜。

然而，我也看到了一些另外的表情。我不愿意看到它们，因为它们的神色，和哀祭文化伦理是失谐的，甚至是相悖的。

有好心人为陈忠实作“逸事状”类文章，其中一段热情摹写陈公用陕西粗话当面痛斥某无知官员的场面，以此彰显陈公“说大人则藐之”的傲骨铮铮。好事者出于关注兴趣，将这段叙述单挑出来贴于网络，遂不胫而走。但此事是经不起推敲的：如果陈公和“某高官”的对话是私人性的，事后双方曾对何人陈述过？如果对话现场有三人或以上，亲见者事后又曾以何种方式“爆料”过？退一步说，即便“某高官”的教诲让陈公大为不爽，但以他的良好修养、涵养，能当着人家面爆粗口吗？何况可能还有他人在场，陈公焉能毫不顾及大家的尴尬？如果作者标明在创作小说《陈忠实》，行文也未必不能“合理想象”，但该文本明白不过地显示着实录性，那便违背了一个简单道理：有了真未必就有善和美，但没有真绝不可能有善和美。虚构的“段子”无论怎样精彩，也还是“段子”，而它一旦传播开来，就真假莫辨了。因此，这样想当然的“新世说”，不是对陈公的“捧”，而是对陈公的“诬”。

在某些流水账文字里，明写陈公道德文章之挺出，暗借缅怀追忆以自高，对于逝者悲欣人生的深入解读未见其多，庸俗趣味的呈现却未见其少。在某些悼诗、哀词、祭文、悲赋、挽联里，少有彻心椎骨的哀痛流溢，却颇多炫华弄藻的丧礼文学狂欢。但无论如何谀辞套话飞舞，终究掩饰不住字句背后的浮浅与苍白，只因催泪液整出来的泪水，绝不是心底流出来的泪水。《易》云：“修辞立其诚。”子曰：“丧，与其易也，宁戚。”是的，一切与发自内心的哀伤无关的风雅形式，无论怎样耀人眼目，都不能充分具备见心见性、内外一如的意义。

在个别矜伐一己术业长技，讥诮逝者文体短板的论议中，看不到低首下心、严己宽人的君子修养，却能看到“文人相轻，自古而然”的陋习不去。更有甚者，读者还看到了苛求死者、妄下雌黄的文字，从其中难觅悲苍天悯好人、痛惜大树飘零的情怀，却屡见狭隘、偏执、戾气十足的诋谩。

还有对于怀念陈忠实的文章的无端妄测、过度阐释，也让人阅之齿冷心寒。我就怎么也不能理解，在悲哀之雾遍被人心的日子里，竟还有人兴味盎然地拿起显微镜，对贾平凹一篇简短悼文赦事诛意，不仅费心统计出全文“加上标题、署名、时间一共二百八十三个字”，更下功夫索隐出那么多所谓的“耐人寻味”的微言大义来。

我要说，陈忠实是杰出的作家，但不是完人；《白鹿原》是公认的名著，但并非无瑕。评说其人其书，是任何一个公民应有的权利。但我更要说，当此丧事也，当此哀时也，所有心会真善美之义的人们，都应当捧出君子四端，契情循理对待这位尚未安葬的老人。如果我们真心爱戴陈忠实、相信“文学依然神圣”，就一定明白，珍惜、光大陈公留下的精神遗产，让中国的文学天地更为明净，乃是最重要的事情，也是对陈公最好的告慰，而陈忠实留下的精神遗产中，不只有诚实、端方、正大、崇高，还有友善、厚道、包容、容让……

半通斋杂俎

一、什么都不是，不知其可也

二十岁读到“笃信好学，守死善道。危邦不入，乱邦不居。天下有道则见，无道则隐。邦有道，贫且贱焉，耻也。邦无道，富且贵焉，耻也”，曾是什么感觉？而今读来，又是什么滋味？

三十岁读到“好学近乎知，力行近乎仁，知耻近乎勇。知斯三者，则知所以修身”，曾是什么感觉？而今读来，又是什么滋味？

四十岁读到“人不可以无耻，无耻之耻，无耻矣”，曾是什么感觉？而今读来，又是什么滋味？

什么感觉？什么滋味？

“朝闻道，夕死可矣。”我们闻道了吗？“四十而知天命，五十而不惑。”我们不惑了吗？

我们从哪里来？我们到哪里去？怎么才能抵达那里？抵

达那里以后还将再去哪里？

谁给了我们初心？ 我们的初心对吗？ 如果对，我们在多大程度上做到了知行合一？ 如果错，我们后来有了什么样的选取和坚守？

我们是经验主义者还是冒险主义者？ 是悲观主义者还是乐观主义者？ 是随波逐流者还是特立独行者？ 是爬行主义者还是飞行主义者？

我们无法选择时间和空间，但可以选择文化立场和走行姿态——林纾、王国维式的，熊十力、梁漱溟式的，陈寅恪、吴宓式的，吴虞、鲁迅式的，李慎之、李锐式的，郭沫若、姚文元式的，周有光、资中筠式的，李泽厚、刘再复式的……

唯独不可以什么都是，什么都不是。

二、“举直”与“举枉”

《论语·为政》：“哀公问曰：‘何为则民服？’孔子对曰：‘举直错诸枉，则民服；举枉错诸直，则民不服。’”

大意是鲁哀公（鲁国国君，姓姬名蒋，前 494—前 468 年在位）咨询于孔子：“怎样做才能使百姓服从呢？”孔子答：“任用正派的人在邪曲的人上面，老百姓就信服你；反之，老百姓就不会信服你了。”“错”通“措”，放置之意。

《论语》《史记·孔子世家》《孔子家语》等典籍中，多次记录过一些政要和孔子有关“为政”的谈话。“为政”涉及的方方面面太多，孔子每次谈及的，只是一两点。 这次与鲁哀公集中讨论的，是官吏任用问题。

任用官吏重什么，不同的时代，不同的政权，不同的领导人，会有所差别，但重视“德能并重”，可说是历朝历代用人标准的最大公约数。像曹操那样“不忠不孝不要紧，只要有才便提拔”的用人之道，是很另类、很罕见的，也不值得肯定。

轩辕黄帝以降，天子和诸侯用人，重德甚于重能，逐渐形成了传统，西周尤甚。春秋时代礼崩乐坏，实用主义日益猖獗，邪曲之徒的舞台越来越广阔。孔子终其一生，都是周公价值观的信服者和捍卫者，所以强调用人“举直错诸枉”，是必然的。

社会各行各业，名义上的用人之道，都重视从“德能勤绩”四个方面量长较短，看上去当然很好。但在对上负责制的体制下，孰“直”孰“枉”，不是由下面的公议决定，而是上面说谁好就好，说谁不好就不好。因为就人的天性说，谁都喜欢选用“自己人”。既然如此，就会不断有邪曲之徒想尽办法讨上司的喜欢，让上司“举”他。民主制度并非十全十美，但它贯彻的基本原则恰恰是对下负责制，群众推选出来的人，首先要多做让群众认可的事，否则下一轮选举，他就没戏了，甚至任期未到就被弹劾下来，所以人类迄今为止，没有什么制度比民主制度更好。

事实上，一段时期内老百姓更多看到的，仍然是权力高于一切、权力笼罩着一切。就任用管理者来说，“举枉错诸直”的情形远较“举直错诸枉”普遍。“逆淘汰”一词，即由此而来。“逆淘汰”最严重的结果，是当黄钟毁弃、瓦釜雷鸣成为滔滔者遍地皆是也的情况时，人民就对这个社会心灰意冷了。这是我们最不愿意看到的。

三、其事无稽，其理何依

盐城徐君晋如，“七〇后”才士也。业诗治学，俱有良绩。比年撰为《红朝士林见闻录》，当代世说之伦，流播陆海已久。予嘉其价值取向，然视其取材措笔，多自坊间传言，以致文直虽能持，而事核多有不逮；大人之善，隐人之恶，亦屡见不一。质其题旨也，曰“闻”则尚可，言“见”则未尽可。以此故，不佞每语称赏者：“其文颇可一观，然须信其可信者，疑其可疑者。”盖真实并真诚，半通斋最高范畴也。

试辨一则：

> 张丛碧癖于海棠，每岁海棠花开，例赴天津赏花填词。丙午之难，不复更为此游。其时北京中医学院有海棠数本，亦饶丰致，某氏遂邀丛碧往游。行至半途，丛碧内急难耐，便于街边大解。某氏后语人云：此真名士也。

半通斋按：张公丛碧，名伯驹，民国“四公子”之一。“丙午”者，“文革”暴起之年（1966）也。公本出名门，家藏宝物甚夥，鼎革后慨然捐公若干，遂为文化部顾问。丁酉年（1957）以言行获罪，名籍右派。越三岁，偕夫人徙长春，屈就吉林博物馆副职。浩劫骤发，迭遭批斗、抄家、受审。己酉年（1969），有司以“敌我矛盾内处”强令退职。公乃黯然返京，年迈无以为生，辄卖家产苟活。逾三秋，蒙周相恩眷，受聘中央文史馆员，困窘乃得稍解。试问：丙午之年，其人尚困顿东北，惶惶然日夜，“京都街边大解”之说，见证者安在？“某氏”为何人？ 故吾不之尽信也。 或曰：“揆情度理，有何不可？”答：“其事无稽，其理何依？”

四、“历史故事”一辨

几年前，一则所谓的“历史故事”曾在网上流传甚广：

> 清末，法国使臣罗杰斯对中国皇帝说：“你们的太监制度将健康人变成残疾，很不人道。”没等皇帝回话，贴身太监姚勋抢嘴道——“这是陛下的恩赐，奴才们心甘情愿。怎可诋毁我大清国律，干涉我大清内政？”

我读了，我笑了。 我无法不笑。 这是一则无稽之谈，但我阻挡不住它的传播。

有了真未必就有善和美，但没有真绝对不可能有善美。 想当然终究是想当然，如果事实站不住脚，怎么着意淫也是白搭。

“太监抢嘴”实在太搞笑，创作者讲得出这样的故事，玩法已经不是恶劣而近于拙劣了。 它出自哪本书？ 作者是中国人还是外国人？ 见于罗杰斯本人的回忆还是中国的皇帝起居注？ 这个“清末”的中国皇帝是哪位？ 道光？ 同治？ 光绪？ 这个叫姚勋的太监，哪本书记载过？《清史稿》？《清稗类钞》？

捏故事总得捏圆些才好。 第一个捏造这个谎言的人，捏造技术太不及格，而那些后来跟着瞎传播的人，又实在是太懒得动脑子了。

首先，中国皇帝无论召见臣工还是接见外宾，绝不会允许太监随便插话。当此场合，大大小小的太监，只能一边乖乖站着，有时还得站得远远的。姚勋敢在皇帝和外宾谈话时抢话，简直是找死。

其次，即使这个太监情况特殊，久得皇帝恩宠，甚或允许他偶尔插嘴，依那时太监的智识、眼界、口吻，绝然难以对洋人发出“干涉我大清内政”之类的抗议。

再次，自古西方也有阉人的“文化”。英文称阉人为 eunuch，来自希腊语。耶稣曾谈道：“有被人阉的，并有为天国的缘故自阉的。”（《马太福音 19:12》）亦即谓有人因为信教而被阉或自阉。古代以至近代西方，不光是国王、皇帝有事实上的太监，普通人也可以以阉人为仆。再一个明显不过的事实是，法国、意大利的天主教会里，一直有“阉人歌手”。因为教堂过去不允许女人唱诗，就得用阉割的歌手取代，而为了保持男歌手的良好童音，便将其在青春期之前阉割。最后一名阉人歌手 Alessandro Moreschi，死于 1922 年。以上历史存在，这个能干得了使臣的法国人罗杰斯难道不晓得？

五、与“长安诗人”共勉

在基本技术过关以后，一切文艺家——当然包括作家和诗家——创作和传播作品的意义，主要在于由舒张自己的“独立之精神，自由之思想”进而“己欲立而立人，己欲达而达人”。前者是自我完善之事，后者是有补于世之事。

不断克服自己的局限性——狭隘、胆怯、庸俗等等，不仅是我们不可须臾偷懒的功课，更是我们不可闪躲的使命。 一个人在幼稚的年龄段，不免主动或被动地被圈进这样那样的精神栏厩，但当其经历、阅历已经足够的时候，就不能再如叔本华所言，“让自己的大脑成为别人思想的跑马场”，更不能沦为可悲可笑的时代小马弁、跟风者。

自己的精神、思想的确立，必须经过一个笃诚真切的过程——知道、明道、守道、弘道，如此方能养就“吾道一以贯之”“万物皆备于我”“自反而缩，虽万千人吾往矣”的正大、坚毅人格。

作品或多或少具有“新民”的正能量——或能拓展读者的视域，或能提升读者的心境，或能引发读者的沉思，或能激起读者的遐想，就是文学的“有补于世”。

屈原、陶渊明、杜甫、苏轼、陆游等先贤，是我们诗界的榜样，“做事要做这样的事，做人要做这样的人”。

六、告诫研究生

爱因斯坦尝言：“西方科学的发展是以两个伟大的成就为基础的：（一）希腊哲学家发明的形式逻辑体系；（二）通过系统实验可以找出因果关系的研究方法。”

中国是否“古已有之”，没法和很多国学家尤其“爱国者”讨论。

但当下许许多多中国人的逻辑思维养成不足，总是否定不了的事实。

作家韩寒曾调侃道：世界上有两种逻辑：（一）逻辑；（二）

中国人的逻辑——没有逻辑。

既然大家做了我的学生——所谓“刘门弟子”是也，我就要不客气地指出，从2004年到现在，四十多名先后随我修业者的文章，没有一个不存在逻辑思维问题。

希望你们努力克服这个不足甚至顽疾。

七、无奈与不甘

就安身立命的趋舍而言，我或许不属于这个时代。或许部分属于过去，但自信更多属于未来。

人作为个体生命的最大悲剧，是无法选择和超越时间和空间。假如时空可以选择和超越，我不会生活在这个时代和这片土地上。然而，我是当代中国人民的一分子。我的生命场域是先在的。我不能不呼吸此场域的空气，不能不在此场域四季作息。偶尔扮演成过去的人或未来的人，只是虚拟性的短暂徜徉。

因为不能选择和超越，我便只能在此时空下竭尽所能打理、调适我的人生。我之简单与复杂、清醒与麻木、痛楚与欢愉、无畏与怯懦、呐喊与沉默、对抗与妥协、坚守与放弃、高尚与卑下等等，都既出于无奈，又出于不甘。

终南山下演唐风

霍丈松林教授，陇东天水人也。髫龄即嗜学，受教乡序，师长莫不嘉赏。廿又三岁，负笈渝州，入中央大学修业，从南雍名师游，得窥中外文学壸奥。自卒业迄今，敷教席上庠文科，凡六十载，笔耕舌耘，风雨无辍。丈之作育人才也，既承夙得师法，兼采同道良方，滋兰树蕙，靡不各得其宜。遍布九州之门人，并享“霍家军”之誉，视其荣名之获，诚有所自。丈之究研学术也，一念执守，未尝稍怠；四时肆力，积蕴浑浩；合浦采蚌，屡得灵珠。所著近五百万言，刊布四方，深为学林所重。

然丈之尤为天下所仰者，则在其诗才之卓荦、诗材之宏富、诗境之阔大也。丈由让梨之年而至皤如之岁，出入经史之暇，未废吟咏；浮生悲欣之感，辄入诗章。卢沟战歌，已昭书生挚情；钟山长韵，不负于公提携；关河辗转，奚囊日丰；长安愁欢，形诸毫素。累岁所作，积为十三卷，曰《唐音阁诗词集》，流播之远，至于海外。当代骚坛名公，莫不盛推丈诗之气象超迈：“忧时感事，巨构长篇，层见叠出，含咀昌黎以入少陵，此其所以为豪杰之士也。”钱公仲联之赞也。“劲健而充实，坦荡而不矜持，大气磅礴而控纵自如，情与景融而理趣盎然，善出新意，自成一家，韩昌黎所谓能自树立、不因循者。”刘公君惠之论也。“兼备古今之体，才雄而格峻，绪密而思清，至其得意处，即事长吟，发扬蹈厉，殆不斤斤于一字一句之工拙。”程公千帆之评也。

予居长安，窃慕丈道德文章久矣，虽去霍府一苇，而未敢造次华阁。乙丑仲秋，予因诗友王锋谒丈，曰：“当今国学复兴，莘莘学子习诗者日夥。丈之诸作，尤宜若辈心摹手追。然全编所内诗词，篇逾千又二百，以引领后学次第登阶入堂计，亦有不便者。丈曷不自择三百篇以为粹编乎？”丈笑曰：“拙诗已付剞劂者，凡数种矣。今另为一编，恐为同道讥议，谓我亦趋灾梨祸枣恶俗！”予曰：“不然。古今诗家，别集而外，选集何多？矧丈乃当世杏坛鸿儒、诗界耆老，何计俗人庸见？”丈沉思良久，乃允小子之请，云：“敝帚自珍，固人情所不免。拙诗之选，宜付君手矣。”予甚惶悚，然亦感激，终诺诺而退。兹后两月，复通览《唐音阁诗词集》三过，选就斯编，内括丈各体佳作三百余篇。凡所选，俱依作时编次。予选丈诗本意，唯在便乎业诗者见贤思齐焉。然以予之目短而识浅，取舍失当，自知不免。故诸君子诵读兹集者，哂我选目短浅，可矣；轻我此举初衷，则未可矣。己丑岁末，刘炜评谨识于西北大学文学院。

（霍松林《唐音阁诗选》序）

花季·花诗·花歌

无论花季有多长，和一年四季比起来，总归是极短的。

在花季里，花容的盛美与花期的短暂形成了残酷的反差。我以为这反差足以象征人的命运，乃至一切生物的命运。所以每到花季，就不免既欣喜又伤感地浮想联翩。

今年三月下旬，有几天忙于收尾书稿，没有工夫出门。书稿杀青了，一下子觉得轻松，便下楼转悠。突然发现，小区里的七八株玉兰树，全都花枝招展了。我对于花类，一向既不喜欢细碎纤巧的，也不喜欢大爆大艳的，因此玉兰一直是我的最爱。大气、端庄、雅洁中透着鲜妍、灵动和性感，是玉兰独有的精神气质。

玉兰的花期，只有十天左右。于是迅即上楼取来相机，抓拍了十几张照片。

回到书房，赶紧打开电脑择选可存者。就我极业余的照相水平说，今儿个的拍摄水平，算得上超常之好了。泡了一杯清茶，欣赏自己的“佳作”，感到很是惬意，而记忆中的有关花的诗、花的歌等，一时纷涌心头：

伤彼蕙兰花，含英扬光辉。过时而不采，将随秋草萎。

——《古诗十九首》之《冉冉孤生竹》

劝君莫惜金缕衣，劝君惜取少年时。花开堪折直须折，莫待无花空折枝。

——杜秋娘《金缕衣》

蜀国曾闻子规鸟，宣城还见杜鹃花。一叫一回肠一断，三春三月忆三巴。

——李白《宣城见杜鹃花》

黄四娘家花满蹊，千朵万朵压枝低。留连戏蝶时时舞，自在娇莺恰恰啼。

——杜甫《江畔独步寻花》其六

飒飒东风细雨来，芙蓉塘外有轻雷。……春心莫共花争发，一寸相思一寸灰。

——李商隐《无题》其二

卖花担上，买得一枝春欲放。泪染轻匀，犹带彤霞晓露痕。怕郎猜道，奴面不如花面好。云鬓斜簪，徒要教郎比并看。

——李清照《减字木兰花》

桃花坞里桃花庵，桃花庵里桃花仙。桃花仙人种桃树，又摘桃花换酒钱。酒醒只在花前坐，酒醉还来花下眠。半醒半醉日复日，花落花开年复年。但愿老死花酒间，不愿鞠躬车马前。

——唐寅《桃花庵歌》片段

浩荡离愁白日斜，吟鞭东指即天涯。落红不是无情物，化作春泥更护花。

——龚自珍《己亥杂诗》其五

正当梨花开遍了天涯，河上飘着柔漫的轻纱，喀秋莎站在峻峭的岸上，歌声好像明媚的春光……驻守边疆年轻的战士，心中怀念遥远的姑娘，勇敢战斗保卫祖国，喀秋莎爱情永远属于他！

——苏联歌曲《喀秋莎》片段

五月的鲜花，开遍了原野，鲜花掩盖着志士的鲜血。为了挽救这垂危的民族，他们正顽强地抗战不歇……

——光未然作词、阎述诗作曲《五月的鲜花》

为什么战旗美如画？英雄的鲜血染红了她。为什么大地春常在？英雄的生命开鲜花。

——公木作词、刘炽作曲《英雄赞歌》副歌

山丹丹的那个开花哟红艳艳，毛主席领导咱打江山。

——《山丹丹开花红艳艳》片段

谁说是桃花红来，谁说是杏花白，瞎瞎地活了这辈辈，我可没看出来。

山路路你就开花，漫天天你就长，太阳开花是甚模样，这辈子费思量。

太行山你就开花，走也走不到头，下辈子好歹要睁开眼，来看看这圪梁和沟。

——山西左权民歌《桃花红杏花白》

…………

以上每首诗与每首歌，都是我熟悉不过的。 有的直抒个人观花的生命感悟，如汉人的《冉冉孤生竹》；有的纯写花颜物色的美丽可人，如杜甫的《江畔独步寻花》；有的赋予花以真善美的人格力量，如龚自珍的《己亥杂诗》（其五）；有的于触物起情中摹绘了一定的时代生活场景，或涵容了较多的集体精神元素，如苏联歌曲《喀秋莎》。 倘一一点评起来，拙文就将冗长了，因此作罢，只说说最后两首歌曲。

小时候在陕南老家上学，唱的遍数最多的歌曲，正是《山丹丹开花红艳艳》。 那时不懂比兴，“山丹丹开花红艳艳”和“毛主席领导咱打江山”是什么关系，是不能明白的，但红艳艳的山丹丹，却让我无比神往。 曾问过好几位师长：“山丹丹什么模样？”师长们说他们也不晓得，反正是一种好看的花，春夏之交时，陕北遍地盛开。 上了高中，生物老师告诉我，山丹丹就是红百合的俗名。 我立即想到了我们家的几株百合花，是祖父从别人家移栽来的，开在每年四五月间，只是皆为白色。 于是便羡慕起陕北的春天来：漫山遍野都绽放着火红的百合，那是多么生意盎然的景象！

但就受感动的程度来说，《山丹丹开花红艳艳》是远不及《桃花红杏花白》的。 第一次听到后者，就泪流不止。 而无论听或唱前者多少遍，都不会掉泪。 为什么？ 盖因前者虽早已传遍九州，却并非真民歌，而是一首补写的“革命历史歌曲”，产生于上世纪 70 年代初，真正的作者是专业人士。 关于其出炉过程，曲作者刘峰先生曾有专文回忆。 一些音乐教材、百科词典称道它“曲调明亮，旋律优美”，是没有错的，但说它“是一首陕北民歌，由劳动人民集体创作”云云，就不合事实了。

《桃花红杏花白》的作者们，却是那些常年在太行山区栉风沐雨、走乡串村讨生活的盲艺人。他们唱出来的每个字，都毕现着最真诚最热切的生命诉求。

我并不否定代言式的艺术创作。古今中外艺术史上，优秀的代言体作品多得是。但我更看重自言式作品，因为它们的人格呈现更足。在李清照之前，书写女性生活的作品已经不少，作者大多是男性。而自易安词一出，男性们的闺诗怨赋就立马相形见绌了。同样道理，任何一位杰出的演员主演《窦娥冤》，恐怕都演不过窦娥本人版的——假如窦娥能复生的话。

“从水管里流出来的是水，从血管里流出来的是血。”这话是鲁迅说的，信矣哉！

沣滨诗话十五章

一、宁可有诗无律，不可有律无诗

尝闻于李志慧教授：“为近体律绝并词曲，宁可有诗无律，不可有律无诗。”予甚是之。当代内地之所谓“老干体”诗词，泰半即后者。肇端斯体，或自延安，而流衍至今，郭鼎堂难辞首责，盖鼎堂晚岁据词臣首席三十年，诗作时见报端，别集大行于世，声望之盛，国中无二。子曰：“上好是物，下必有甚者。”自古已然，今何不然？然鼎堂晚岁诗词，徒有诗之皮相而鲜有诗之魂魄矣。昔读鼎堂《长春集》《东风第一枝》，屡见有律无诗之制。若《颂上海》：“洋场十里更汪洋，无复洋人独擅场。千万居民多面手，十年创业一心肠。整风以后红而透，反浪之馀乐且康。海上东风无限饱，红旗满市映朝阳。”（1959年2月）《访运城》：“大寨精神卷巨澜，戡天战地万锄酣。沧桑今见凭贫协，尧舜由来出晋南。热汗何愁长不雨，女儿焉肯亚于男。哑姑敢斗蚩尤倒，能使盐泉水变甘。”（1965年12

月）《赠日本松山芭蕾舞团》：“银丝白发话艰难，壮志终移三座山。二十八年如昨日，万方翘首望延安。”（1970年5月）鼎堂才学，远迈常伦，而此类近体，或润色鸿业，或伪饰太平，或酬应朝会，或敷衍宾客，徒轨于诗律而了无诗味，且移宫换羽，随时应需，谀颂恶骂，往往而是，即较以中古应制诗末流，亦等而下之。噫！予读陈义宁诗集与郭鼎堂诗集，屡生悲慨：二公年相若、才相近，并治国学，并入大师之域；并为诗人，而诗格相去之远，竟如北冥南海，何哉？由乎“独立之精神，自由之思想”之有无、多寡也。晚岁之义宁，犹“少时所自待”之义宁；晚岁之鼎堂，非“我便是我了”之鼎堂。杜樊川《阿房宫赋》云：“秦人不暇自哀而后人哀之，后人哀之而不鉴之，亦复使后人而复哀后人也。”予视鼎堂诗并步武其踵者，亦如是矣。

二、隐议、托议、直议之辨

诗固主情致而不主论议，然偶涉论议，亦自无妨。论议诗之妍媸，一决于立意之高下，二决于达意之巧拙。予观古今论议诗，其格有三：一曰隐议，二曰托议，三曰直议。论议者盐也，诗境者水也，兹以喻表。刘梦得《乌衣巷》：“朱雀桥边野草花，乌衣巷口夕阳斜。旧时王谢堂前燕，飞入寻常百姓家。”杨诚斋《过松源晨炊漆公店》：“莫言下岭便无难，赚得行人空喜欢。正入万山圈子里，一山放过一山拦。”叶靖逸《游园不值》：“应怜屐齿印苍苔，小扣柴扉久不开。春色满园关不住，一枝红杏出墙来。”藏议于物事本体，如汲海水一斗，盐在其中，是为隐议者。杜樊川《赤壁》：“折戟沉沙铁未销，自将磨洗认前朝。东风不与周郎便，铜雀春深锁二乔。”王荆公《登飞来峰》：“飞来山上千寻塔，闻说鸡鸣见日升。不畏浮云遮望眼，只缘身在最高层。”朱元晦《观书有感》：“半亩方塘一鉴开，天光云影共徘徊。问渠那得清如许？为有源头活水来。”出议于物事本质，如煮海水一斗，其盐熬而得之，是为托议者。苏东坡《琴诗》：“若言琴上有琴声，放在匣中何不鸣？若言声在指头上，何不于君指上听？”赵瓯北《论诗》：“李杜诗篇万口传，至今已觉不新鲜。江山代有才人出，各领风骚数百年。”于髯翁《咏史》：“龙虎风云亦偶然，欺人青史话连篇。江山代有英雄出，各苦生灵数百年。”涉笔即论析事理，如径入卤池，舀取盐汁一斗，是为直议者。

三、授人以渔者，未必渔翁也

偶见冯公永军先生著《当代诗坛点将录》，其论议诸家短长也，时获我心；不为尊者讳，尤俘我心。第七四页以“地恶星没面目焦挺”拟郭鼎堂，评云：“郭鼎堂绝顶聪明之人，亦有绝大本领，虽其人颇多可议之处，然其戏剧、文字学、史学等著述，皆有不可磨灭者在。少年即喜为诗，重于才情，而轻于气格，律亦不细，时有可摘之句，而乏全篇皆好者。鼎革以后，其人不免曲学阿世之讥，所作旧诗，多为颂圣之声，全无诗艺可言，较诸贾、王、岑、杜之作，相去何啻天壤。自有应制之作，未尝睹如许恶诗也。此老后期所作诗，或谓之曰‘标语体’或‘口号体’，全无旧诗之面目，亦何面目见前贤、师友于地下。‘老郭不算老，诗多好的少’，此老亦有自知之明也。”第八五页以“地囚星早地忽律朱贵”拟王了一教授，评云：“王力所编《古代汉语》，大学文科教材，亦常人于中国古文辞之敲门砖也。又编《诗词格律》一书，可教人不必作无音律、无格律之所谓旧体诗词。虽无甚过人之处，但可医世人不学之病。王力亦能作旧体诗，有《龙虫并雕斋诗集》行世，舍题《恶之花》等数首之外，可读者甚少。”皆当的评。予犹忆初见王公近体二首于报端，直呼“此散文也，非诗也！著者授人以渔，然自非渔翁矣”。兹检录两作。《游庐山》：“太白东坡曾寄兴，岭峰近远见低高。庐山面目今朝识，八四衰翁意气豪。”《赠内》：“甜甜苦苦两人尝，四十五年情意长。七省奔波逃猃狁，一灯如豆伴凄凉。红羊溅汝鲛绡泪，白药医吾铁杖伤。今日桑榆晚景好，共祈百岁老鸳鸯。”

四、不必死守“不落言筌”说

严沧浪论诗：“所谓不涉理路、不落言筌者，上也。诗者，吟咏情性也。盛唐诸人，惟在兴趣，羚羊挂角，无迹可求。故其妙处透彻玲珑，不可凑泊，如空中之音，相中之色，水中之月，镜中之象，言有尽而意无穷。”予谓其说不可死看，更不必死守。盖诗三百、屈宋楚辞、汉魏乐府、曹孟德诗、陶靖节诗，率多“涉理路、落言筌”、有迹可求者，岂皆“下也”者？即“盛唐诸人”诗篇，若王摩诘《少年行》、王江宁《出塞》、李太白《客中作》之属，亦多不合严说而无愧“上也”之誉。毛润之《菩萨蛮·大柏地》：“赤橙黄绿青蓝紫，谁持彩练当空舞？雨后复斜阳，关山阵阵苍。当年鏖战急，弹洞前村壁。

装点此关山，今朝更好看。”时人杨启宇《挽彭德怀将军》：“铁马金戈百战馀，苍凉晚节月同孤。 冢上已深三宿草，人间始重万言书。”并理路端现，言筌昭然，孰能以不合“水月镜花”说而下之？

五、新、旧二体各有短长

臧公克家擅自由诗，声名藉甚，近体亦偶有佳作，而知者尚寡。 偶见其赠友人绝句《重与轻》手迹，堪称诗书两善。 其句云：“万类人间重与轻，难凭高下作权衡。 凌霄羽毛原无力，掷地金石自有声。”措意高处，可与《有的人》颉颃；气脉通贯，亦足称道；末句“石”不偕律，虽犯诗规，自是小疵耳。 公尝云：“我是一个两面派，新诗旧诗我都爱。”谓新、旧二体各有短长，并存互补，自是正道。 又自辩偶尔失律之不免：“这些作品，大体按旧的格律，但有时破格，不以平仄自缚而致艺术失真。 当激情冲胸，双眼泪流，振笔直书，急不可耐，至于中式与否，已无暇顾及矣。”（《自道甘苦学旧诗》）所言不违诗之大道，故不必苛责文过饰非。 其晚岁旧体诸作，予颇爱赏。 若《答友人问》：“问我年来竟若何？ 韶华未敢任蹉跎。 耽书静案融通少，信步清庭意趣多。 座上高朋抒壮志，窗前小朵缀青柯。 听凭岁月随流水，依旧豪情似大河。”《抒怀》：“自沐朝晖意蓊茏，休凭白发便呼翁。 狂来欲碎玻璃镜，还我青春火样红。”《寄陶钝同志》：“碧野桥东陶令身，长红小白作芳邻。 秋来不用登高去，自有黄花俯就人。”《灯花》：“窗外潇潇聆雨声，蒙眬榻上睡难成。 诗情不似潮有信，夜半灯花几度红。”

岂“老干体”末流所可比耶？

六、用典可古可今，唯以不隔为上

诗之用典，可古可今，唯以熨帖不隔为上。西北大学已故教授刘持生先生为古典文学专家，博极群书，学养浑浩，偶为诗词，见者称善。然淡泊自守，所作不轻示人。先生既殁，门人辑录遗作付梓，即《持盦诗》也。公之近体，多循宋诗一路，法度精严，气格高骞，即石遗室所谓“合学人、诗人之诗二而一之”者也。宋诗派多好用典，公亦如是。然其长在斯，其短偶亦在斯。试举刘诗二例。《丙辰寒食》：“寒食分明似禁烟，素车争道送花圈。不知舍利藏何处，犹盼光明照大千。甲令未闻更魏俗，沉哀咸欲哭绵田。昏黄不辨人来去，独立交衢意黯然。”乃悲悼周公恩来并讽议时政之作。丙辰者，公元1976年也。其颔、颈二联俱以事典寄意，前申敬仰，后寓郁愤，极契题旨而含蓄不露，此其长也。《五一前日与国棉四厂诸学友开会话别归后补早》：“坐对群英尽足欢，况逢晴日散馀寒。题诗个个惊崔颢，织锦人人压若兰。三宿方欣技渐熟，一年不觉指轻弹。轻歌快舞皆相勖，莫作寻常惜别看。”（《持盦诗》第92页）颔联对句以苏蕙（字若兰）事谓师生“学工”，不日而手技熟稔。虽貌合纺织情形，然现代车间机器作业，与“璇玑回文”相去何远？读之颇觉不伦，此其短也。不佞为诗用典，有取古者，有涉今者，但觉有“隔”，即勉力变通之。兹各举一例。《春节友人里巷口占》：“年年访旧灞东村，宾主相欢推盏频。莫道人情薄如纸，刘郎偏爱故将军。”典出《李将军列传》，是为取古者也。《夜宴口占呈友人》：“一样流年叹此生，撑船舂米马牛行。回眸鲁镇形容老，阿桂打工千百城。”典出《阿Q正传》，是为涉今者也。

七、校诗实不易，字字莫放过

古人云：“校书如扫秋叶，旋扫旋生。”非亲历者不能深味。甲午岁初，予同赵琴女史阅校《西北大学学报》用稿，至韩国琴知雅博士《韩国古典文学中的中国形象》，偶见所引朝鲜李氏朝名家诗作，措意气脉，固匪难解，遣字用韵，时不可通。若金锡胄《燕京明朝灭亡感怀》：“英皇往迹足伤𠍙，欲说崇祯更怆然。社稷于公真一介，乾坤申岁是何年。煤山阁毁惟衰草，天寿陵空只冷烟。堪恨绛衣无继鹭，几时屺虆起丛镇？”首句尾字，误“怜”为“𠍙”，已属出韵；末句尾字，误“填”为“镇”，尤违律制。又李仁老《洞庭秋月》：“云端滟滟黄金瓶，霜后溶溶碧玉涛。欲识夜深风露重，倚船渔父一肩高。”首句以“黄金瓶”喻洞庭秋月，不惟犯“三平调”律戒，所喻犹觉不伦。疑“瓶”为同旁某瓦字之误，若“瓿”“甑”“甂”“瓬”“甗”之属，然皆不能尽契秋月形容。琴敏慧，力核原文，乃坐实“瓶”当为“饼”。又申纬《初雪酒后自题黄不黄米不米帧侧》：“日脚凝永风努呼，楼阴山黛合模糊。梦回酒气金消席，人静香烟尚在炉。一点斜飞融暖砚，干声骤至变寒芦。偶然水墨参黄米，蓦地神游访戴图。”校时未察颈联讹字，后乃悟“永”当作“冰”，乃合意表格律；“金”当作“全”，乃不致其句怪异；而“干声”为“千声”之误，其谬尤著，盖裁以近体法度，适与出句“一点”对仗者，非“千声”而何？“千干”之淆，酷肖“鲁鱼亥豕”古例。然亡羊补牢，为时已晚矣。

八、“丘八”诗亦有佳制

“丘八诗”者，大兵之诗也。唐宋之世，即有丘八之称，阅《太平御览》可知。窃谓当出民间暗语，用示兵痞将至。“丘八诗”之名，则由乎民国冯将军焕章自谑：“予诗粗且俗，羞与雅诗并论，宜乎以丘八诗名之。”冯诗成于倥偬之余，竟至千首以上，且甚多关涉时事、悯恤苍生、鞭挞丑类之作，出语固俗白，然感人心魄之篇，亦往往而见。兹举两作。《护林诗》：“老冯驻徐州，大树绿油油。谁砍我的树，我砍谁的头。”《夜读》：“革命从来坎坷多，洒尽热血为山河。屡挫屡败终必胜，挑灯夜读《正气歌》。”周公恩来赞曰：“丘八诗体为先生所倡，兴会所至，嬉笑怒骂，都成文章。”冯公同时及其后，丘八诗无多，然亦不绝。网传杨虎城《自誓诗》：“西北山高水又长，男儿岂能老故乡。黄河后浪推前浪，跳上浪头干一场！”许世友《莫猖狂》：“娘们秀才莫猖狂，三落三起理应当。谁敢杀我诸葛亮，老子还他三百枪！”皆其类也，胜在心声镗鞳，豪气干云。林宽谓“自古英雄能解诗”，信矣哉。

九、行行俚语见心灯

诗之感动力强弱，不必关乎诗语之雅俗，而必关乎诗情之浓淡。项王《垓下歌》、汉王《大风歌》，其辞未逮雅驯，心声足移人情，千载而下读之，犹觉鼻息扑面，而“刘项原来不读书”。当代王老九，临潼乡老也，其诗俚俗至极，然亦颇有动人处，以其情意热切、活泼流畅故也。若“解放门，大敞开，翻身农民走进来……”“梦中想起毛主席，半夜三更太阳起。干活想起毛主席，周身上下增力气。走路想起毛主席，千斤担子不知累。吃饭想起毛主席，蒸馍拌汤添香味……”“如今咱有毛主席，咱中国不是好惹的。如今咱有周总理，任何人都甭想把咱欺。如今咱有朱总司令，乌龟王八少骚情……”予尝有一绝《读王老九诗示诗友》：“高才满座询诗道，说法传经愧不能。便羡相桥王老九，行行俚语见心灯。”至若论家慨叹王氏晚景：“由于内外合力所致，他后来成为了一个蹩足的政治诗人。”所言亦是，然宜另付论评。

十、譬喻之正谬

诗文之譬喻，人多重巧拙，而忽正谬。东坡《新城道中》：“东风知我欲山行，吹断檐间积雨声。岭上晴云披絮帽，树头初日挂铜钲。野桃含笑竹篱短，溪柳自摇沙水清。西崦人家应最乐，煮葵烧笋饷春耕。”以“絮帽”喻岭头晴云，引“铜钲”状树杪初日，强为簇新而未契物相，读之殊觉不伦。歌曲《大海航行靠舵手》尝大行于世。喻句云：“鱼儿离不开水，瓜儿离不开秧，革命群众离不开共产党。”幼时随人放歌，未思其谬。盖依通义，“革命群众”者，水也、秧也；“共产党”者，鱼也、瓜也。措句如斯，谬在喻意颠倒矣。

十一、敷衍之作多半难好

甲午孟春，予随陕西诗词学会赴周至采风，其日细雨霏霏，阡陌葱郁。归宾舍，县府款待周殷。翌日依例吟诵新作以奉地主。诸君措意或妆色政绩，或敷陈美俗，清词丽句，各擅胜场，予亦不能免俗，勉为《周至采风抛砖》："名邑重来四月天，望中不见旧桑田。万般春意跃平野，百里笙歌动大千。劳碌莫教生减趣，闲游最合雨如烟。愧无才笔奉黎庶，犹待华章出众贤。"敷衍交差，拙劣自知。适得友人短信："闻诗兄踏春郊县，采风当有佳作。"答曰："顷成应景诗一首，十九陈词滥调，暗检赧愧已甚！"友人旋复："真情何在，好诗何在矣。"予赞曰："君不为诗，而言诗甚是。自忖今之率尔作业，颇近商女取悦客官，喉歌舞容，俱与心衷无涉，何足称道？"

十二、改诗须水磨功夫

随园老人《遣兴二十四首》之一云："爱好由来落笔难，一诗千改始心安。阿婆还似初笄女，妆未梳成不许看。"予深是之，律己律人，昔今一也。前有《再呈方英文兄》："尚杜师王检句瑕，新词慎莫向人夸。好诗不厌千回改，菱黛方刘是一家。"杜者子美，王者介甫，俱改诗楷模也，末句典出《红楼梦》四十八回。后有《蹈袭随园诗意戏答王彦龙贤仲》："一诗千改始心安，磨砚何如洗笔难。妪老悔同青涩女，粗妆急急付人看。"又于课中屡诫从游者："诗之成也，快写或如电闪雷鸣，慢改定须水磨功夫。”此实出经年甘苦体会也。当触于情境，兴感骤来之际，诗笔飞扬，直如山涧瀑下，坂上走丸，然措意之粗疏，修辞之未工，常不可免，故须反复修葺，务求熨帖，直至自觉一字不可易，乃可自存示人矣。兹举一例：丙申年夏，予随诸同志赴陕甘边照金革命根据地旧址参观，适值七一将至，四方同来受教者如云。予驻足纪念馆广场，片刻成《照金即景》：“宣誓豪言动碧穹，红旗猎猎舞晴风。前途争向薛家寨，探险范宽山水中。”意在讽刺形式主义也。归途斟酌数过，乃定稿为：“宣誓潮来震耳聋，红旗火烈映苍穹。礼成争向郊林外，寻胜范宽山水中。”拙诗之由生发以至定稿，泰半如是矣。

十三、诗友为我质检师

今人为近体诗并曲子词，十九循守中古格律，故偶违轨辙，新旧声韵混掺，在所不免。此类诗病也，或由乎知能短缺，或由乎疏忽大意。回检诗途，我亦如是。有较易自察者，改而善之，吾心喜悦充盈；有不易自察者，倘得诗友指误匡谬，改而善之，则吾心喜悦翻倍矣。曩者自择拙作《半通斋七律十首》呈奉“博风雅颂文昌阁”诗词平台，阁主“西湖之鱼”张君宏毅审读一过，发我诗病数处，若“穷通未短书生气，雪野狂歌意纵横”“滚滚红尘万花筒，何能欺我与苍天”“卜人故伎已三熟，隐士高谈信半真”，“纵”“筒”“伎”三字，皆误平为仄矣。予深服之，逐一酌改并遥致谢意：“勉将拙指抚诗筝，自笑病弦嘲哳鸣。幸识方家千里远，长安南望谢先生。”“匡合群伦倾热忱，度人骚手有金针。西湖长愿晴波好，光鉴文昌阁主心。”（《呈文昌阁主西湖先生二首》）予屡语后生：“旧体诗遣字平仄，守旧从新，皆无不可，惟不可淆乱今昔，即俗谓‘混搭’矣。”乃竟医不自治，殊可笑也。

十四、“恨”诗之悟

采南台主人方公英文，予学兄并挚友也。丙戌年夏，得方兄“诗信”，善责不佞为诗，“恨”句甚多：“恨滥叹多未宜当，男儿何故怨妇腔？披坚执锐一支笔，书斋亦可倒海江！”（《寄刘郎》）予阅之赧然，欲从其诫，然“恨”习难改。“未分春前春后恨，同谁董理共谁抛。”“恨不当年效曹竖，青庐夜半劫君行。”“千层柳色千重恨，一寸心思一瓣香。”“楼前日日作悲歌，前恨无如今恨多。”“恨涧愁溪纵轻渡，奈何往事不成烟。”“天鸡惊破短欢梦，情海遍沉长恨舟。”……皆拙诗“恨”句也。是何故也？予不能知。去岁以来，重阅东坡诗词，见其“恨句”数倍拙诗，若“对花无信花应恨，直恐明年便不开”（《吉祥寺花将落而述古不至》），“驻景恨无千岁药，赠行唯有小乘禅”（《悼朝云》），“长恨此身非我有，何时忘却营营”（《临江仙》）……又见诗友吴嘉所馈新作，“恣意”一词，屡见不一。吴君与予相知既久，其“心电图”也，我深识之。乃悟一人诗中，同一语词迭出，未必皆因才乏学浅，亦有出乎遭际感受、非此语词不足副其胸臆者，遂有《寄采南台主人》：“诗心岂好矫情哉？难却毫端恨字来。千载东坡传到我，只缘生理到头哀。”

十五、诗之自注，必由不得已也

予之书斋专辟一橱，尽陈古今诗词别集，颇便览用。阅今人诗集，时见不必自注而自注者，甚者一册之中，自注字数，竟多于诗矣。予意诗之自注，必由不得已也。不自注则易致歧解误会者，乃可称不得已也。拙诗偶有自注，或符斯旨，然亦有画蛇添足者。若《观新版京剧〈红色娘子军〉》：“谁识琼花彻骨伤？时髦红剧竞包装。声情又起椰林寨，不见当年杜近芳。”初稿自注：杜近芳，当代名伶，京剧《红色娘子军》主角吴琼花扮演者。后自忖“杜近芳”不注不可矣，乃留存之。若《戏句呈家君。翁年来双耳俱聋，复聪无方》：“时语妄诳一世同，皓年鼓膜幸双聋。鹤城山水守青澈，不羡中州洗耳翁。”初稿自注：故乡商州别名“鹤城”。洗耳翁，登封许由也。尧欲其为九州长官，由闻之，奔颍水边洗耳，以示不愿世俗浊言入耳。后自忖“洗耳翁”之释典，实不必也，即芟去之。钱公默存《槐聚诗存》诸作，“好义山、仲则风华绮丽之体，为才子诗，全恃才华为之”，不易索解者，往往而是，不惟几无自注，且讥诮后注者：“他年必有搜集弃馀，矜诩创获，且凿空索隐，发为弘文，则拙集於若辈冷淡生活，亦不无小补云尔。”予不尽是其说，然亦不喜自注注人成癖者，盖其做派之弊，约略有三：局限诗作意蕴，低估读者智商，靡费诗集印张。

桥门卅载仰先生

大约四年前的一个晚上，我们大学同班的几个同学请张孝评教授餐叙。轻松闲聊之间，自不免追忆“城南旧事”——我们的大学四年。谈起先生之于我们的恩德，王春泉同学说：“张老师是我们的文学教父！”我愣了一下，立刻被他的说法感动了：“这话真是精彩，却又实实在在！”贺群社同学也热烈呼应：“这是学生的心里话，也是最准确的结论！”先生连连摆手：“不敢！不敢！”先生的谦虚是真诚的，我们的感受更是由衷的。

我敢肯定地说，以“文学教父”美誉呈献先生，我们班三十九个同学，绝对没有持异议的。岂止我们班，历届从游于先生的弟子，都不会有异议。

1981 年 9 月，我考入西北大学中文系。第二年初秋，先生为我们班开设必修课——文学概论，授课整整一年。也是从这时开始，先生做了我们的业务班主任。因此本科学习阶段，我们向先生请益、求助以至说愁诉苦，是常有的事。我毕业留校以后至今，和先生共事一个院系，又同在一个小区居住，来往比较频繁。现在，也就是先生的《我的诗生活：紫洪山人诗学文选》一书即将付梓之际，我想从一个“亲学生”的角度，谈谈我眼里的“文学教父”。

先生籍贯浙江绍兴，幼年在紫洪山下度过，少年随父母迁居西安。1962 年考入西北大学中文系，毕业时正值“文革”大潮汹涌。幸运的是，先生的五年制大学教育接受，前四年基本正常。为先生所在班级授业的硕学名师，有傅庚生教授、刘持生教授、郝御风教授等资深学者。先生青少年即有才名，又一向勤学好思，因此打下了扎实的学业基础。大学毕业以后，先生在铜川蹉跎了近十年。改革开放之初的 1978 年，因为母校的爱才，先生得以回到西大中文系执教。先生珍惜“第二个春天”的到来，全身心治学、教书、育人。文学概论课堂上，先生热情洋溢授讲、同学们如饥似渴听讲的情景，我至今历历在目。但印象更深的是，先生没有拿着蔡仪先生主编的教材照本宣科，而用自己精心编写的讲义娓娓道来。后来，在讲义基础上扩容、完善而成的《文学概论新编》正式出版；再后来，《新编》又经作者多次修订，迄今已再版了十多次，累计发行数十万册。这样的奇迹，完全是“货比货”的结果。

我们自觉的文学领悟，正是从聆听先生授课开始的。先生“鱼”“渔”兼授，为三十九个懵懂少年打开了一扇又一扇窗口，使我们的文学视域日益开阔，文学心脑逐渐开窍。在先生门下，我们既循序渐进地接受了比较扎实的理论思维训练，又十分有效地增强了对于具体文学作品的感受能力；既大致把握了中国古往今来文学创作的长与短，又初步了解了西方文学理论和实践的源与流。先生不仅启发我们勇于“解释世界”——察析文学的现象和本质，更鼓励我们积极“改变世界”——关注并助力正在发生着可喜变化的中国新时期文学。“接闻于夫子”数年之后，我们差不多都可以不胆怯地和各路人士谈文论艺了。

因此，2012 年 3 月，也就是我们大学毕业二十七年后，阅读先生惠赠的最新版《文学概论新编》，我情不自禁写了一首绝句《呈业师张孝评教授》：“山阴才调发琅琴，沣镐草玄倾热忱。由喭柴愚同仰颂：先生度我有金针。”第三句典出《论语·先进》：“柴也愚，参也鲁，师也辟，由也喭。”谓孔门四个学生各有不足。第四句反用元好问《论诗》句意：“晕碧裁红点缀匀，一回拈出一回新。鸳鸯绣了从教看，莫把金针度与人。”一般认为元氏的意思是，方家不要将自己掌握的道法秘窍授人。先生的做法恰恰相反，一次又一次给了我们“金针”。我可能就是张门的“辟”生——偏激者，因为先生的言传身教，毛病逐渐有所克服；我又来自比夹皮沟还要偏僻的地方，长于打柴而欠乏“绣才”，能学得先生“针法”一二，也算是一种福分。

如果说，先生作为业师的义理精到、表述精彩的授课，是对我们成长的初步的、直接的影响，那么，先生作为学者近四十年间风雨笔耕的诸多成果，便是给予我们的间接霑溉。

窃以为，先生治学和为文最为突出的自家路数，概而言之，约有三端：

一曰在宏观研究与微观研究的并重并进中建构自己的学术堂庑。先生论文和著作的发表及出版，大抵始于上世纪 80 年代。“出品”最多的时段，则是 90 年代到 21 世纪初的十余年。先生的学术研究，主要涉及两个领域：一是文学通论，具体包括文学本体论、文学功能论、文学创作论、文学接受论等；二是诗学专论，其中包括诗道论、诗艺论、诗人论和诗作评析等。具体而言，在文学通论研究方面，称得上名著的《文学概论新编》建构了先生文学认知的大体系，论文《文学作为语言艺术的宽泛性与深刻性》《论文学的情感性和形象性及其统一》《关于艺术创新的再思考》等则体现了先生在文学的一些关捩点上的新见。诗学专论方面的研究，表现出近似的格局：《诗的文化阐释》《中国当代诗学论》等专著，属于宏观研究；《诗的典型不是什么》《诗美变形律探微》《论诗的意象空白》等论文，属于微观研究。在宏微两个领域里，先生览涉古今中外主要文学理论与批评成果，阐发自己对于若干重要文学概念、范畴和命题的再思考，既"我注六经"，又"六经注我"，提出了许多有扬有弃、有承有变的见解。先生也不时表明自己对于变动中的当代文学创作的一些事相、个案的观察和剖析，批隙导窾，评骘剀切。多年以来，每每拜读先生的著作和论文时，我眼前就浮现着"紫洪山人"时而登高临远、时而低首沉思的身影。

二曰在护持个人研究兴趣与适应既定学术环境之间，努力求取最好"生态"。吴宓教授曾说过，人生不得不面对的主题有二：职业和志业。前者乃谋生糊口之事，未必是"吾之所愿为"；后者乃兴趣理想之事，必出乎"一己坚决之志愿"。"职业与志业合，乃人生最幸之事。"（《我之人生观》）我虽不曾斗胆过问先生早年志业何在，但内心一直以为，就像贾平凹"命定"合该以文学创作为终生乐事一样，我们的"文学教父"，天赋哲性思维和诗性思维俱佳，又自幼耽好"游于艺"，所以授传、研究文学尤其诗歌文学，正可谓"职业与志业合"。但在具体操作层面，每个"扶义俶傥，不令己失时"（《史记·太史公自叙》）的“社会人”的兴之所趋，也得考虑两个制约性因素——个人精力的有限和社会环境的所限。所谓“有所为有所不为”的道理，正在于此。尽管以先生的才能，“遣吾有涯”的可能性是很多的，但先生没有在多个平台上作业，而将自己的学术走行收拢在一定的扇面之内，笔耕不辍，心无旁骛，实现了堪称良好的“投入产出比”。我还要说，先生不是冬烘自足型、人云亦云型的学者，而是“视通万里”“我思故我在”的读书人，对于很多历史的、现实的谜团与迷雾，都有着深切、独到的察识。但在工作、生活和学术活动中，先生又是不狂不狷、不激不随、谨言谨论的“在场者”。时代语境允许的言说，先生差不多都言说了；先生的研究成果，无论自发性的还是被安排的，都充满了人文的正能量；情非所愿的应景文字，先生几乎不曾写过；即使承担的集体性科研任务，先生完成的部分，也力避敷衍时俗，而有着可圈可点的自出机杼之见。这令我想起了王瑶教授的话：“在学术研究中，既要有求真精神，绝不做违心之论，但也要注意掌握‘什么时候、可说、不可说、说到什么程度’之类的分寸。”（钱理群《“鲁迅式”的知识分子》）

三曰搦管为文，必出以精研覃思，且文笔富于“语文美感”。先生的每一部专著和每一篇文章，甚或一则千字随笔，都决非率尔操觚之作，而成于深思熟虑之后。先生的文章既有严密逻辑的统领，又有恰到好处的修辞讲究。凌空蹈虚之说，故作高深之论，夹缠不清之语，在先生文章中是没有踪影的。先生崇仰朱光潜教授的文风，亦颇得朱先生为文的个中三昧。我虽写不出好文章，却也和先生一样心服朱先生作为学术大家、文章大家的襟怀和能耐。在先生家里，我们师徒曾一起讨论过当代学人文章表达的长短得失，一致的看法是，朱先生说得从容、通透、简要的文风，在同时代的学术巨擘中是最可称道的，因而也就最值得后辈人以揣以摩；无论知性文章写作还是感性文章创作，无论怎样响应“文变染乎世情”，下笔总须有“语文自律意识”。在我看来，先生文章的总体语文质相，可以“清通熨帖”概言之——清通的是立论和证说，熨帖的是措句和驭篇。实话实说，在我认识的长辈学者中，语文素养与先生可以颉颃者，并不很多。施蛰存教授多年前就曾感慨：“语文纯洁，本来是读者对作者，或作者对自己作品的最低要求。但近十年来，却已成为最高要求。”这的确是实际情况。所幸总还有时贤为后学做着“语文纯洁”的表率，我们的“文学教父”也是其中之一。

这部《诗学文选》主要收入了我们的“文学教父”多年研究诗学的近五十篇论文、随笔和评论，同时收入书中的还有近五十首白话诗和旧体诗。我通读电子版一过，私心称之为“紫洪山人”诗学研究的“散金碎玉集”。作者有关诗歌的文化视野、精神立场、审美尺度等，都鲜明而集中地呈现在长论短议中。

先生一向淡泊宁静，疏远灾梨祸枣的时风。而今愿意自选这些文章和作品出版，我想主要是因为它们最直接地联通着先生数十年的志趣、丹衷。正如先生自道：“我自小爱诗，与诗有一种特别的缘分。我不能算作诗人，但起码是一个始终如一地爱诗的人：从幼时的喜欢读诗，到此后一度狂热地写诗，再到高校执教以讲诗、论诗为自己的专业，可以说，我一辈子都在与诗打交道。”（本书后记）我最早拜读先生的论文，便是诗评《真挚·纯朴·隽永——读雷抒雁近年来的诗》。这篇深入腠理之作，受到了学界和读者的广泛好评，先生自己也认为它是“我诗学求索的起点”（《我的诗学求索之旅》）。由发轫到兹今，先生从未停止过孜孜探索诗歌堂奥的步履。丰实著述的与年面世，各界诗友的“悦读”受益，学界同仁的声气相通，授业弟子的膏泽仰承，都是对先生学术劬劳的回报。

先生本来有着很好的写诗禀赋，只是因为倾力于学术研究，诗才被委屈了，未免有些遗憾。固然如先生所言：“我的‘野圃诗吟’，虽亦是有谓而作，而其间抒写的那点心灵涟漪，及通过文字表达出来的诗的游戏精神，与大时代的主流话语终究是隔膜的。我保存它们，并将其辑入本书，所具有的更多是顾影自怜的纪念意义。”（本书后记）但读者依然可以从这些作品中窥见作者心中的诗灯闪烁和笔下的诗情涌动。

先生退休十多年了，但“美学散步”还在继续，思致依然机敏活跃。衷心愿我们的“文学教父”生活有滋有味，学术之树常青！

先生不嫌小子浅陋，一再吩咐“你比较了解我，为我写个序，想怎么说就怎么说”。我恭敬不如从命，很惶恐地写了上面这些感受。说得不妥之处，还望先生和读者见谅。

（张孝评《我的诗生活：紫洪山人诗学文选》序）

天意君须会，人间要好诗

“抒雁杯”青春诗会已经成功举办了五届。正在进行中的第六届诗会的人气之旺和作品之多，较往年更为可喜。可以说，它与“黑美人”艺术节、文苑华章等品牌相辉互耀，展现着西北大学文学院“守正创新，知能并重”的人才培养理念与年落到实处，并成为西北大学校园文化建设的重要组成部分。

从 1985 年留校工作至今，作为文学院的一名教师，我和同事们感受着学校尤其文学院人才培养、学术研究等事业的开拓与提升，见证了以“黑美人”艺术节为代表的诸多工程、活动、项目等的春华秋实。不仅如此，如果把视域放大到校史，可以说，更让我们感到自豪的是，既高擎人文旗帜，又拓展科技殿堂的自觉自为，通贯着西大的百余年的风雨历程，成为一种生生不息的精神原动力。校歌里的“滋兰树蕙满庭芳”，形容的正是这种原动力的“热值”与“光效”。

限于篇幅，这里只谈谈西大的诗歌文化传统与气象。

我国素称“诗的国度”，人莫不知。“五四”以降，白话新诗崛起并成为主流以至于今，极大地改变了文言诗体一枝独大的状况；旧体诗创作虽一度低迷，但生命力依然坚韧，近三十多年来重新焕发出生机，更是不争的事实。新旧两体将长期共荣共存、相互促动发展，注定是中国当代诗歌文化的基本格局。

西大诗歌文化的过去、现在和将来，呼应着、融入了这样的时代大环境。研究与创作彼此给力，旧体与白话各擅胜场，鸿儒轩翥于前，俊彦奋翮于后，英杰辈出，实绩丰实，大致构成了西大诗歌文化的百年生态与景象。

——以傅庚生教授《中国文学欣赏举隅》、雷树田教授《诗词曲赋联语格律研究》、张孝评教授《诗歌美学》、李浩教授《唐诗的美学阐释》等为代表的课程开设或著作传播，支撑起了西大诗歌理论与批评的学术优势。

——由刘持生、郝御风、陈直、杨春霖、武复兴、雷树田、李志慧、月人、周晓陆、徐耿华、王锋、汪涛、吴嘉、陶成涛、王彦龙等几代师生组成的旧体诗人方阵，堪称现当代陕西骚坛的生力军之一。

——由牛汉、雷抒雁、和谷、朱文杰、渭水、刁永泉、商子秦、岛子、薛保勤、陈敏、丁斯、刘亚丽、杨莹、尚斌等几代师生组成的白话诗人群体，是“西大作家群”名实相副的标志之一。其中一些诗人的杰出创作成就，早已成为中国现当代诗史的关注对象。

我个人以为，傅庚生先生、刘持生先生和雷抒雁先生三位先贤，分别是我校诗歌研究、旧体诗创作、白话诗创作三个方面的代表人物。青春诗会以“抒雁杯”命名，既体现着西大人对于本校诗歌正大文化传统的认知，更体现着西大人循守诗道、高擎诗帜、固本开新、踵事增华的热忱。

置身于这样的背景下赏阅本届青春诗会获奖作品，我的鲜明感受，可以八字统言：有承有变，情辞并茂。试看不同年代大学生诗人的近题之作——乡愁：

你是两条呻吟的铁轨/痛苦地弯曲/如蜕皮的蛇艰难地向前延伸

不管时代的列车/行驶得多么快/你始终趴在地面/承受着最大的压力

你没有站立的时候/土地和家庭/是无数螺钉/把你在地球上钉死

——丁斯《农民》

这首诗创作于1983年，作者是大二生，与笔者同舍。后收入作者自选集《疯狂的头发》。全诗的基本情感立场，是对于“土地和家庭”显在的哀叹与潜在的疏离，传达了“高加林”（路遥小说《人生》主人公）们的强烈心声：告别农耕社会，融入城市文明。

三十五年过去了，中国的城市化进程取得了巨大的进展，但城乡真正的一体化时代的到来，尚须等待一定时日；即使一体化全面实现，新的现实问题又将困扰人们。所以我们看到，新世纪的从乡村走进大学的校园诗人笔下的乡愁，既呼应着“学兄诗人”青春之作的惆怅与焦灼，又承载着复杂得多的意绪。

深秋。祖父死了/祖母哭得像个孩子。那夜/我梦见，他们牛车的木轮滚得比牛更慢/于是，五十八年的爱情只有一半/一半红色、一半白色的唢呐号叫着/稻穗的饥饿只有一半，黑瓦和秋霜一半/牵着鼻绳归于尘土，是团圆、是静寂/是时间从未开始，是不可能

——吴英林《回乡组诗·老屋》

读母亲的时刻，土地生长槐枣的裂隙里照见我/比故乡更远的是走向母亲/我是一只抟泥筑窝的燕子/在老旧的屋檐下仿造/孕育我的抽象的母体

——覃昌琦《比故乡更远的是走向母亲》

一片瓦，是至阴至阳之物/而黄和青是无坚可摧的内外核/年岁久了，就用坠落提醒主人去检修/我对每一片瓦都心存敬畏，因为/受过太多苦难的人死后没力气升天/瓦舍，就是祖辈们唯一可以爬升的高度

——袁伟《瓦上霜·瓦舍》片段

相较于《农民》的满纸冷峻与凄凉，《老屋》等三首固然也咀嚼着悲苦，然而属于它们的主导倾向，却是对于乡园已经逝去和正在逝去的温馨情境的眷顾、依恋。换言之，四篇作品皆为悲情之咏、痛感之吟，但就情怀诉求而言，前一首显现着十分明晰的非此即彼的决然性，后三篇则交织、变奏着不易说清道明的游移和怅惘，更近于复调宣叙。

在感受着一定的异时迁变的同时，我也看到了不同代际校园诗人们人文气质、审美思致的承继性——以敏感、炽热、跃动的诗心感受历史和现实的晴风晦雨，使才披情以措句，铺采摛文以

成篇。

赏阅数十篇旧体诗，我的心情更为欣慰以至振奋——多数作品“范儿”很正，可以看出作者们不仅有着高涨的写诗填词的热情，而且经历过比较扎实的基础训练。

隔岸小艇成蜂群，采石片矶悬暮云。君昔作歌忆太白，我作长歌当忆君。浩荡天风来江左，人间楼台同一舸。槛外落晖俱沉沦，澄江馀烬尚有火。其底仿佛燃犀灰，渊洞长向水崖开。寻常铁锁通绝巘，绵延大壑岂止哉。高阁下望皆广泊，竹君于此燕宾客。倚马捷才君所擅，君年最少袷衣白。念我秦中束发时，灯前次韵绮怀诗。旧游千里客武进，马山埠头莫得知。佳气郁盘浮石渚，青莲踪迹剩抔土。怜君归去二百年，抔土不存空山雾。

——张子璇《采石矶怀黄仲则》

读者无妨以此作对读明代诗人高启的名作《登金陵雨花台望大江》：“大江来从万山中，山势尽与江流东。钟山如龙独西上，欲破巨浪乘长风。江山相雄不相让，形胜争夸天下壮。……英雄乘时务割据，几度战血流寒潮。我生幸逢圣人起南国，祸乱初平事休息，从今四海永为家，不用长江限南北。”两首诗的立意相去甚远，但就情由衷发、意不虚表、意象飞动、气脉流畅而言，张诗不比高诗逊色多少。西大校友、著名作家方英文曾说：“我们作为师长，对晚辈德能的量长较短，一定要减去年龄差。”我从高中便开始学写诗词，读大学期间，更以“蛮拼的”劲头为之。我必须说，我在二十上下的年龄段，是写不出《采石矶怀黄仲则》这样的七言歌行的。撇开天赋方面的差距，张子璇同学能写出如此佳作，亦可说得了“国学热”的时代之赐——在童年、少年时期，便打下了比我们那代人扎实得多的旧体诗童子功。

闽山一望与天齐，半壁东南照海西。巨擘抟风扶日月，霜刀吐焰贯虹霓。投鞭何意生涯短，翘首应嫌马背低。“台独”经年喧未了，至今犹听杜鹃啼。

——陈立琛《题施琅祠》

作者诗前小序云：“闻施琅尝居鄙邑，邑人于乌石山华严岩祠之，恰见蔡氏拒统，故遥题之。”此作站位高、立意好、气象大、格律严，只是尾句稍嫌气弱，与全篇措意气象不能尽谐，但和当下时时可见的塑料花般的高仿诗词相比，可谓“歌诗合为事而作”，值得点赞。

继业师雷树田教授之后，笔者在文学院承担了“诗词曲赋创作”课程的教学任务，十六年来庶竭钝驽，为本科的学生旧体诗入门做了一些工作。每一位学生创作的进步，都让笔者由衷欢欣。评阅这届诗会的旧体诗作，更加坚定了催笋成竹、润花著果的信心。

本届诗会的作品征集，面向了全国的校园诗人，因而收到的稿件的总体质相，更能体现当下全国大学生诗歌创作的大致面貌。

苛求“青春诗会”的作者们都能写出成熟、老辣的诗篇，是不现实的，因而是不必要的，但有守有为、且行且思总是一切行道的通则，有了一定创作积累的年青诗人，更有必要时时反察自己的不足，有效调整自己的走行姿态。

“纵观近百年来的中国诗史，可以说旧体诗、白话诗的发展，都不够理想。毛泽东数次谈话中说的‘迄无成功’，至今并未有实质性的改变……白话诗的形式定型即实现文本的民族化，与旧体诗的自臻新境即获得气骨的现代性，并是一个艰难的、漫长的过程，尤其后者。”（拙文《“火气”与“挚情”——评杨宪益先生诗》）这是历史和现实向中国当代两大阵营诗人布置的大作业。雷抒雁先生晚年的几点重要设问，便是期待每一位当代诗人认真作答的思考题：诗人如何克服个人体验与经验的局限性；新诗如何坚守诗性并对民族语言有所贡献；新诗如何汲取母土传统诗歌文化营养。

我常常回味牛汉先生和雷抒雁先生的重要诗论。兹录两小段与校园诗人们共勉：

牛汉：“对于诗创作者来说，无论如何想象和幻想，写人世间从未有过的景象，都可写得真真切切，其中绝无虚构的成分。这是因为每首诗都是诗人生命的体验的结果，语言浸透了作者的真诚。”

雷抒雁：“一个人写诗写成什么样子，往往是他自己的修养、情感和理念所决定的。我觉得一个大的诗人，他的胸怀和志向也应该是大的。有爱心，有同情心，以之来抚慰全人类，献给大自然，这是一个诗人应该具备的素质。”

是为序。

（《第六届“抒雁杯”青春诗会获奖作品集》序）